资助项目
- 2024年广东省普通高校创新团队项目"数字化国际商贸发展研究创新团队"（编号：2024WCXTD044）
- 广州番禺职业技术学院人文社科类一般平台"国际商务文化交流与融合研究基地"（编号：2024KYPT09）
- 广东省普通高校人文社科重点研究基地"粤港澳数字文旅研究基地"（编号：2023WZJD019）

跨文化传播视域下粤剧的译介与流变

曾衍文 著

华南理工大学出版社
·广州·

图书在版编目（CIP）数据

跨文化传播视域下粤剧的译介与流变 / 曾衍文著. ——广州：华南理工大学出版社，2024.10. -- ISBN 978-7-5623-7768-9

Ⅰ．H059；J825.65

中国国家版本馆 CIP 数据核字第 2024NH2368 号

Kuawenhua Chuanbo Shiyu Xia Yueju De Yijie Yu Liubian

跨文化传播视域下粤剧的译介与流变

曾衍文 著

出 版 人：房俊东
出版发行：华南理工大学出版社
（广州五山华南理工大学17号楼，邮编 510640）
http://hg.cb.scut.edu.cn Email：scutc13@scut.edu.cn
营销部电话：020-87113487 87111048（传真）
责任编辑：黄冰莹
责任校对：梁樱雯
印 刷 者：广东虎彩云印刷有限公司
开 本：787 mm×1092 mm 1/16 印张：9 字数：174千
版 次：2024年10月第1版 印次：2024年10月第1次印刷
定 价：59.00元

版权所有 盗版必究 印装差错 负责调换

前　言

粤剧，根植岭南，花开全球，有着"南国红豆"的美称。

粤剧是一种独具广府文化特色的综合艺术形式，融合了文学、广东音乐、广府方言、地方舞蹈等多种艺术元素，被誉为"东方百老汇"。

粤剧历史悠久，在海内外广为流传，是中国传统戏剧文化的一部分。然而，由于粤剧源于中国传统文化，其表演方式和文化背景与海外受众的语言、文化和价值观存在差异。那么，粤剧在海外传播的过程中，如何真正做到"传意""传神"和"传情"呢？其中最重要的一点是，译者应跨越语言和文化的鸿沟，做好粤剧的翻译与海外传播工作，帮助海外受众真正理解粤剧所蕴含的中华文化内涵。粤剧的译介传播相关研究非常有限，这也成了笔者的研究缘起。自2016年起，笔者进行岭南戏剧的译介传播研究，先后获得了广州市哲学社会科学项目、广东省哲学社会科学项目、广东省教育科学规划项目哲学社会科学专项课题支持，均以"良好"等级完成了项目的研究工作，因此，笔者希望通过本拙作跟读者们分享研究成果。

寻踪觅迹，以史为鉴。笔者就粤剧在海外传播的发展路线，基于粤剧艺术和文化跟随粤侨扎根海外而融入世界的历程情况，探寻粤剧跨文化传播的做法和经验，采用多学科结合的方式对粤剧在海外的译介与流变进行研究。

生生不息，灵活翻译。笔者基于跨文化传播视角探讨如何进行粤剧文本材料的翻译。粤剧文化"走出去"，主要进行三种文本材料的翻译：一是粤剧文化的介绍文本，二是粤剧剧目的简介，三是粤剧的剧本唱词。这三种文本均包含我国独特文化专有词汇的翻译。在面对中西方审美价值与文化差异冲突时，译者遵循哪些翻译原则和标准，采用哪些翻译方法和翻译策略，才能更有助于粤剧的对外传播呢？笔者认为，基于现有的粤剧翻译史料，探讨切实可行的翻译策略，不仅具有一定的翻译学意义，而且可为粤剧文化"走出去"提供一定的理论研究参考。

顺应生态，传播流变。笔者从文化生态视角探讨粤剧"走出去"和"请进来"两个方向的跨文化传播。传播者需要结合非遗文化所处的时代背景和文化环境，在创新传播中传承和保护非遗文化。针对粤剧文化面向国外受众和国外文化生态系统的特点，粤剧传统文化在海外传播由强势传播向柔性传播转化，传播者需要了解"他者"的感受和需求，提高粤剧文化感召力，推动"他者"与"自我"的关系由"主体—客体"模式向"主体—主体"模式转化。无论是粤剧文化"走出去"，还是粤剧改编"请进来"，均需要传播者求同存异，寻找海内外文化的共通点,缩小文化交往的距离感,构建理解和互信的平台,实现"文化自信"到"文化他信"的转变,共建"文化互信",做好粤剧的跨国界和跨文化传播,在传播中传承粤剧。

智能媒体,传播创新。笔者从智能媒体技术在粤剧传播的应用情况以及粤剧受众对其的接受情况,探讨在数字智能技术背景下,如何促进粤剧传播。随着"大智移云"科学新技术的发展,粤剧传播与数字智能媒体技术相结合,网络及新媒体渠道、数字电影等形式拓宽了粤剧的传播领域。网络数字技术在粤剧文化传播上的应用不能忽视受众的接受度,包括以中老年人为主的粤剧爱好者对于利用网络和数字媒介进行线上粤剧传播的接受度,以及年轻受众对数字技术与粤剧结合的创新传播方式的接受度。在数字化智能时代,可以通过"数字+粤剧""网络+粤剧"和"新媒体+粤剧"等形式推动"粤剧+文创""粤剧+旅游""粤剧+产业"等跨界传播创新,激活粤剧文化的非遗新活力。

广东省文化遗产研究院院长张春雷曾用"传承、保护、传播、创新"这四个词来概括当代的非遗创新发展。传播,是对优秀非遗文化的妥善保护;创新,是对优秀非遗文化的灵活传承。笔者不是戏剧学方面的专业人士,只是怀揣着一颗传播、传承岭南传统戏剧文化的初心,利用自身的英语应用能力进入粤剧译介和跨文化传播的研究领域。感谢工作单位广州番禺职业技术学院对本人进行岭南戏剧文化译介传播研究提供研究资金支持,本书才得以出版。笔者抛砖引玉,以期更多专家学者投入到非遗文化的译介传播研究中,让粤剧文化在海外得到更好的传承和发扬。

由于书稿撰写用时较长,参阅的文献资料较多,在参考文献标注时难免出现遗漏的情况,恳请相关作者谅解并告知笔者完善。鉴于笔者专业学识和能力有限,本书难免存在疏漏和不足之处,敬请读者批评指正。

曾衍文

2024年8月

目 录

1 绪 论 ··· 1
  1.1 粤剧——世界级非物质文化遗产 ······················· 1
  1.2 粤剧翻译及海外传播研究现状 ··························· 3
  1.3 粤剧研究的理论框架及研究意义 ······················· 16

2 粤剧海外传播发展情况 ································· 20
  2.1 粤剧海外传播的发展历程 ·································· 20
  2.2 粤剧海外传播的生态环境 ·································· 24
  2.3 粤剧海外传播的不同方式 ·································· 25
  2.4 小结 ··· 30

3 跨文化传播视域下的粤剧译介研究 ················ 31
  3.1 粤剧译介的原则 ··· 31
  3.2 粤剧译介的标准 ··· 38
  3.3 粤剧译介的策略 ··· 42
  3.4 粤剧译介的方法 ··· 46
  3.5 粤剧译介的相关理论 ··· 51
  3.6 生态翻译学视域下的粤剧译介研究 ··················· 58
  3.7 小结 ··· 68

4 跨文化视域下的粤剧传播与流变研究 ············ 70
  4.1 文化生态视域下的粤剧传播"走出去" ··············· 70
  4.2 跨文化视域下粤剧在北美洲的传播与流变 ······· 71
  4.3 跨文化视域下粤剧在东南亚的传播与流变 ······· 78
  4.4 跨文化传播视域下的粤剧改编"请进来" ··········· 81
  4.5 小结 ··· 91

5 "数智时代"粤剧传播与流变新趋势 ······ 92
   5.1 智能媒体背景下粤剧的海外传播与流变 ······ 92
   5.2 粤剧通过线上渠道传播的可行性研究 ······ 98
   5.3 粤剧通过数字电影传播的可行性研究 ······ 112
   5.4 小结 ······ 125

参考文献 ······ 127

后　记 ······ 134

1 绪 论

1.1 粤剧——世界级非物质文化遗产

1956年，周恩来总理说"粤剧是南国红豆，应受到重视"，对粤剧给予了高度肯定和支持，从此，"南国红豆"成为粤剧的美称。粤剧深受广东省和广西壮族自治区民众、香港特别行政区和澳门特别行政区同胞以及海外华人华侨的喜爱。正如"南国红豆"美称的寓意——此物最相思，粤剧被粤侨带往世界各地，成为"思乡情，念乡音"的慰藉载体，是中国传统戏曲中最早走向世界的剧种之一。粤剧于2006年入选我国第一批国家级非物质文化遗产名录，2009年入选联合国教科文组织非物质文化遗产名录。

粤剧虽在清光绪年间才出现正式名称，但其起源却可以追溯到五百多年前的明代中叶。其时，江浙一带的昆班、徽班及江西、湖南等地的戏班时常入粤演出，南戏"弋阳腔"在广东开始流行；自明嘉靖年间开始，糅合唱做念打、乐师配乐、戏台服饰、抽象形体等表演艺术的南戏在广东、广西出现。明嘉靖四十年（1561年）《广东通志》便有所记载：广州府"二月城市中多演戏为乐，谚云正灯二戏"，并有"搬戏难成器，弹弦不是贤"的俗语，所以"江浙戏子至，必自谓村野，辄谢绝之"，这证明了当时已经盛行大戏。自古以来，广州作为中国对外的重要通商口岸，吸引了全国商人前来经商，贩卖各地的茶叶、瓷器、丝绸等。随着南来北往的"外江佬"汇集广州，"外江班"也不远千里，相继前往广东演出以慰他们的乡愁。受"外江班"在剧目、声腔、表演上的熏陶和影响，广州、佛山等地区的"本地班"在唱、做、念、打、舞等方面不断提升；同时，把粤地的民间小调、小曲融入剧中，形成擅长武打戏以及使用大锣、大鼓等乐器营造热烈舞台氛围的"本地班"特色，逐渐形成粤剧自己的独特风格和本土特色。

2013年9月和10月，习近平总书记分别提出建设"丝绸之路经济带"和"21世纪海上丝绸之路"的合作倡议（简称"一带一路"倡议，英文翻译为The Belt and Road，缩写B&R）[①]。"一带一路"倡议致力于推动国家和地区之间的多边大范围、高水平、深层次的区域合作，以开放、包容、均衡、普惠的原则构建区域经济合作架构，积极发展与沿线国家的经济合作伙伴关系，倡导共同打造政治互信、经济融合、文化包容的合作共同体。无论在古代海上丝

---

① 百度百科词条：一带一路. https://baike.baidu.com/item/%E4%B8%80%E5%B8%A6%E4%B8%80%E8%B7%AF/13132427?fr=aladdin#6.

绸之路还是在"21世纪海上丝绸之路",广州都是重要的发源地和对外交流的主要窗口,见证着从古到今中外文明的交往。"海上丝绸之路"是粤剧在海外传播的主要路线;粤侨带着这颗"红豆",将之播种于全球多个国家和地区,让粤剧文化在全球生根、发芽、开花、结果。"一带一路"倡议所蕴含的"文化认同""文化包容"为新时代的粤剧传播构建了"和谐沟通""民心相通"的文化交流大环境,其多元、开放、包容的本质与粤剧文化形成和发展的兼收并蓄的本质是一致的。随着"一带一路"倡议的推进,国家间的经济商务合作日益增加,国家间的文化交流也逐渐增多,有助于不同国家的文化跨越不同区域,相互传播交流。我国的"一带一路"倡议已经进入第三个"五年计划",粤剧在海外的传播与交流正处于蓬勃发展时期。"一带一路"倡议强调的"文化互通"旨在践行东西方文化的交流互鉴,求同存异,以实现国家间文化交流与发展的积极互动与良性循环,从而促进"一带一路"沿线国家间的文化相融、民心相通。

关乎全人类共同命运的"非物质文化遗产保护"具有广泛国际影响力,是使"一带一路"沿线国家间民心相通的桥梁纽带。早就扎根海外的粤剧,作为中外戏剧文化艺术交流的桥梁,在国家间戏剧文化交流与发展中扮演着重要的角色。粤剧乘着"一带一路"倡议的东风,在海外迎来了传播、发展的好时机,这颗"南国红豆"在海外将流传得更远、更广并将闪耀全球。通过戏剧艺术的情感语言加强"一带一路"沿线国家的文化交流,不仅能够促进各国民众彼此间的情感相连、文化相融,也有助于我国人民传承中华优秀传统文化、增强民族文化自信。习近平总书记在庆祝中国共产党成立95周年大会上的讲话中提出,"全党要坚定道路自信、理论自信、制度自信、文化自信""文化自信,是更基础、更广泛、更深厚的自信"。我国拥有的博大精深的优秀传统文化底蕴,是我国最深厚的文化软实力。习近平总书记在十九届中央政治局第三十次集体学习时的讲话中强调"要采用贴近不同区域、不同国家、不同群体受众的精准传播方式,推进中国故事和中国声音的全球化表达、区域化表达、分众化表达"。2018年10月24日,习近平总书记走进广州粤剧艺术博物馆,同粤剧票友亲切交谈,希望他们把粤剧传承好发扬好。

要坚定中华民族优秀传统文化自信,就要讲好"中国故事",传播好"中国声音"。在世界文化交流和合作中,戏剧艺术和文化的传播是助推器,推动我国优秀传统文化"走出去"和增强民族文化自信。因此,研究岭南传统粤剧文化在海外的译介传播及流变对增强我国传统文化在海外传播的亲和力与实效性具有重要作用。本书响应国家提升粤剧文化软实力的文化战略号召,把粤剧文化作为"中国故事"在国际传播的载体,着力研究粤剧在海外翻译传播中如何进行"文化顺应",克服文化障碍,与当地文化和谐共生,与海外受众共情共享,推进粤剧文化在全球传播。

1.2 粤剧翻译及海外传播研究现状

1.2.1 中国传统戏剧海外传播研究情况

在中国知网上以主题"戏剧+海外传播"进行精确搜索,截至2023年底共有相关搜索结果100条,经过整理得出:与中国传统戏剧海外传播相关的研究成果共63个,其中学术期刊论文52篇,硕士论文8篇、博士论文1篇,会议论文1篇,报纸文章1篇。总的来说,我国传统戏剧译介传播的研究结果从总量来说是非常低的,可见该领域并没有得到学者们的足够重视。

仅基于现有研究成果,从研究趋势来看(图1-1),我国传统戏剧的研究于2014年开始增长,这与习近平总书记于2013年提出"一带一路"全球合作倡议的时间吻合。随着"一带一路"国家间经贸商业的合作往来增多,地域间的文化传播也随之增长。2016年,相关研究达到顶峰,研究成果共11个,这又与2014—2016年间,习近平总书记多次强调的坚持我国拥有的以5000多年文明传承为基础的文化自信这一重要方针同向同行。

文献数量(篇)

图1-1 中国传统戏剧海外传播研究趋势

从研究的剧种来看(图1-2),在63篇相关论文中,关于中国传统戏剧、戏曲总的传播情况的研究较多,数量达26篇,占比超过41%;关于个别剧种的研究中,对作为"国剧"的京剧的海外传播研究最多,论文有8篇,占比约13%,剩下的研究则围绕着进入国家级非物质文化遗产名录的地方戏剧而展开,如粤剧、昆剧、越剧、黄梅戏、闽剧、川剧、潮剧等。从中国传统戏剧的海外传播研究的情况可见,我国传统戏剧文化的翻译及对外传播的研究非常有限,一直处于被边缘化的状态,与国家倡议的树立文化自信、讲好中国文化故事的时代担当有很大的距离，亟待学者们加以重视。

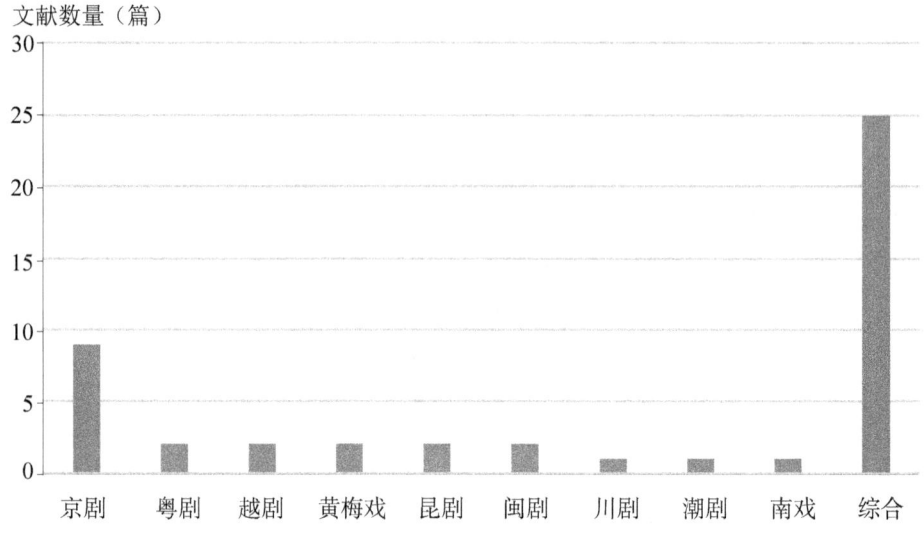

图1-2 中国传统戏剧剧种传播研究情况

1.2.2 粤剧译介传播国内研究情况

1.2.2.1 粤剧译介传播国内研究情况

在中国知网上，以"粤剧"为关键词进行相关主题搜索，结果显示，截至2023年，共有6225条相关搜索结果，其中，最早被知网收录的相关文献为1954年刊发在《戏剧报》的《纪念粤剧艺人李文茂反清起义一百周年》。从1954年到1966年，就有48篇相关文章刊登在《戏剧报》上，可见20世纪五六十年代，粤剧发展稳定。从粤剧相关研究的主要和次要主题分布图可见（图1-3、图1-4），排名前30的主题均没有粤剧翻译、粤剧英译、粤剧译介或海外传播等内容。其中，只有"羊城国际粤剧节"主题间接与粤剧的对外交流相关。可见，我国目前仍欠缺对粤剧译介传播的相关研究。

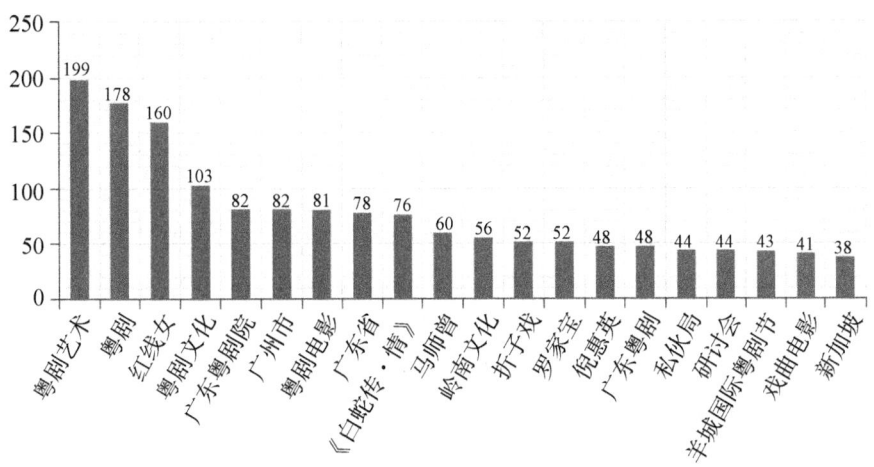

图1-3 粤剧相关研究的主要主题分布情况

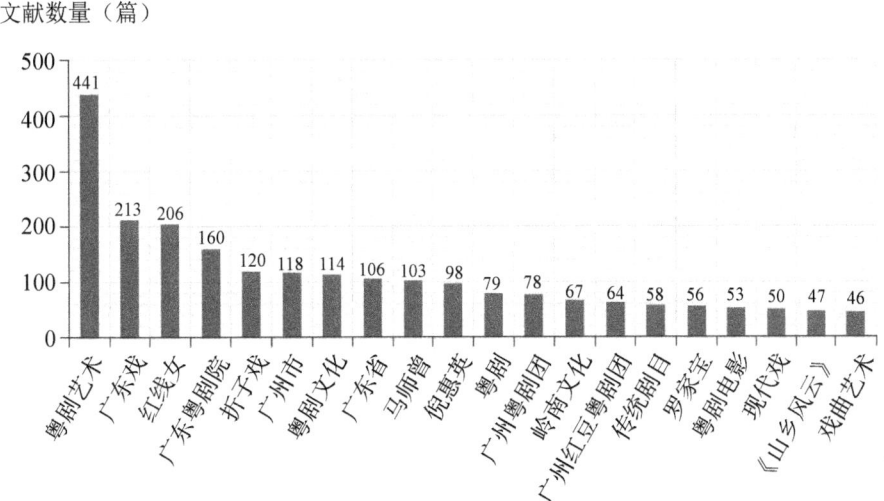

图1-4 粤剧相关研究的次要主题分布情况

1.2.2.2 粤剧译介海外传播国内研究情况

（1）相关文献研究情况

以"粤剧+海外传播"以及"粤剧+翻译"为关键词进行相关主题搜索，截至2023年整理后仅得66条相关搜索结果（仅占粤剧相关研究文献数量的

1%）^①，其中博士论文2篇、硕士论文6篇、国际会议论文1篇、期刊论文57篇（其中核心期刊论文19篇）；翻译领域相关文献22篇，海外传播领域相关文献44篇，分别占比33%和67%。1996年，谢彬筹在《广东艺术》期刊发表了第一篇关于广东戏剧对外传播的文章，整理回顾自18世纪起上千万被迫签约前往海外务工的"契约华工"在国外的悲惨遭遇。当中提到，"契约华工"唯有来自家乡的戏曲聊以慰藉，成为广东戏剧在海外传播的生存基石。^②笔者以2000—2023年这24年间的66篇研究文献为统计样本进行分析，小结如下：

①粤剧译介海外传播研究呈现增长趋势。如图1-5所示，粤剧译介海外传播研究总体呈上升趋势。2000—2010年，相关的研究文献很少，年均不足1篇。自2011年起，相关研究渐见起色，文献数量逐年增多。2015—2019年，文献数量以年均50%的增长速度"爬升"。2021年的文献数量达到12篇。研究文献的增速，与当时的国家和国际情况相吻合。2013年，我国提出"一带一路"倡议，促进全球多边合作的同时，也促进了国家间的文化沟通交流。自此，粤剧译介和海外传播的研究开始增加。例如，2015年和2016年，沈有珠共发表了5篇文章，基于历史资料梳理了从晚清时期到当代粤剧在海外的传播历程及变化，包括在美国（以旧金山为主）的传播和变化^③、在越南的演出和传播情况^④等。2021年相关研究达到顶峰。

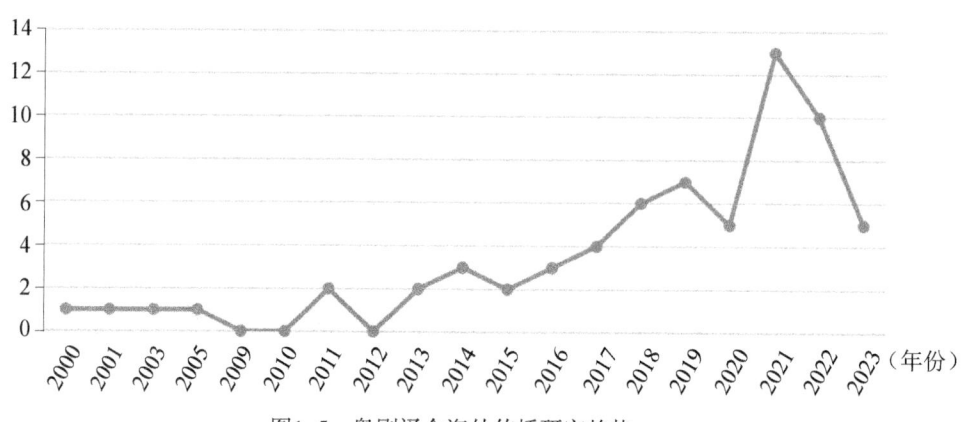

图1-5 粤剧译介海外传播研究趋势

---

① 因相关文献主题所限，可能遗漏部分与粤剧翻译和海外传播相关的文章，数据仅供参考。
② 谢彬筹. 广东戏曲传播海外的途径和特点[J]. 广东艺术，1996（3）：22-27.
③ 沈有珠. 晚清民国时期粤剧在旧金山的流传与传播[J]. 中华戏曲，2016（1）：270-282.
④ 沈有珠. 近现代粤剧在越南的演出与传播[J]. 戏剧文学，2016（4）：138-145.

②粤剧海外传播地域分布研究情况（图1-6）。通过对上述44篇关于粤剧海外传播研究的文献进行统计分析，共有52%的文献针对粤剧在海外某个国家或地区的传播和流变情况进行分析，其中关于粤剧在美国和东南亚地区传播的研究数量最多，占比分别为23%和21%。关于粤剧在美国旧金山和夏威夷传播的研究最多，这与广东地处我国南部沿海地区的地理位置、从广东横跨太平洋到达美国西海岸的船行航线以及当时美国西海岸需要华工进行基建工程建设等因素有关。例如，夏威夷作为横跨太平洋的重要海上中转地和补给地，粤剧在此得以生根原因有二：一方面，在清朝时期，受交通工具所限，从广东出发前往美国西海岸的轮船往往先到达夏威夷稍作休整补给后继续前行；另一方面，相对于美国大陆来说，夏威夷与广东的距离相对较近，为粤侨落地定居之选。当然，距离广东较近的海外地区为东南亚各国，19世纪，不少广东人借着广东地处我国南部沿海地区的地理优势，纷纷选择"下南洋"谋生，粤剧随之流传至新加坡、马来西亚、泰国等东南亚国家并得以发展。例如，1857年粤籍的粤剧从业人员在新加坡成立了第一个粤剧行会组织梨园堂，粤剧在当地的兴旺程度可见一斑，因此，针对东南亚国家或地区的粤剧传播研究相对较多。

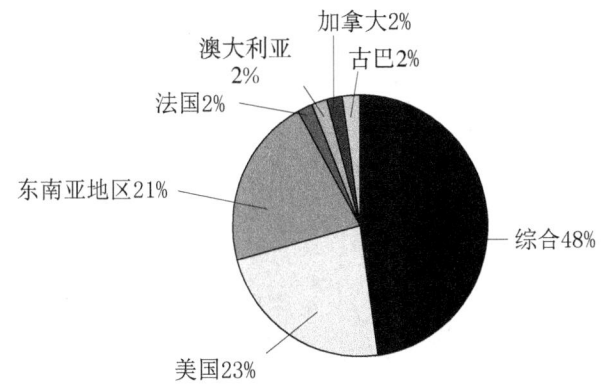

图1-6 粤剧海外传播地域分布研究情况

③粤剧海外传播研究要点情况。在关于粤剧海外传播研究的文章中，研究学者基本梳理了粤剧"出海"的原因——"求生存"与"求发展"，并结合史料梳理了粤剧流传海外谋求生存的社会原因，论述了粤剧在海外所处的社会环境变化中的调整及发展。例如，粤剧在越南的演出传播，由于当时越南属于法国殖民地，不受"男女授受不亲"的封建思想禁锢，没有沿用国内"全男班"或"全女班"的演员组合，而是采用男女同班演出，各自饰演男角和女角。由于东南亚地区气候炎热，晚上比白天凉快，当地的粤剧表演以晚上9时至第二

天凌晨为黄金演出时间,以适应当地的气候和受众的看戏需求。①

④粤剧文本翻译研究情况。粤剧在海外传播,受众不仅是华侨,还有当地的居民。语言不通,粤剧无法走进海外受众的生活,将严重阻碍粤剧在海外的传播。例如,当粤剧在夏威夷第一次演出后,当地的报纸《夏威夷公报》在报道此次粤剧演出时就提到,"我们无法评论他们表演的优劣,因为不懂他们的语言,也无法欣赏他们的音乐"②。身在海外的粤剧艺人也清楚地意识到只有打通语言的隔阂,让海外受众明白表演的内容,才能让他们真正感受到粤剧的美,才能让粤剧在海外站稳脚跟。19世纪70年代,在东南亚地区表演的粤剧经典剧本,已经出现包括英语在内的多种东南亚语言版本,包括迎合马来西亚市场的马来语译本《乾隆君游江南》,迎合印度尼西亚受众的爪哇文译本《薛仁贵》,等等③。作者基于搜集整理的粤剧翻译相关的文章,认为粤剧文本翻译的研究特点既有相似又有不同的看法。

a. 研究对象细致具体。粤剧翻译研究的内容和视角,呈现从泛化到具体的特点。在22篇粤剧翻译相关文献中,针对具体粤剧剧目翻译的文章有8篇,占比超过36%,其中探讨粤剧名剧《帝女花》的剧目英译文章就有6篇,可谓"独领风骚",其原因有三:一是名剧《帝女花》在海外的受欢迎程度高。经典粤剧《帝女花》由我国香港粤剧大师唐涤生从昆曲曲目中精选改编而成,讲述崇祯皇帝的长女常平公主与驸马周世显在明朝灭亡之际,面对动荡时势立下海誓山盟、共赴黄泉的凄美故事,受到海内外粤剧戏迷的喜爱。二是由于粤剧剧目英译版本资源有限,现有的粤剧英译剧本数量不多,具有权威性的英译本更是少之又少。三是粤剧的剧本和唱词中含有不少文学典故,是翻译的难点,也是学者们研究的重点。

b. 依托不同的翻译理论探讨粤剧英译。粤剧译介传播本质上是一种跨文化传播,为了跨越文化鸿沟,学者们从多种翻译理论出发,通过多元视角给粤剧翻译出谋划策,包括生态翻译理论、文本功能理论、语用学理论、功能翻译学理论等。例如,朱雁冰(2021)从生态翻译理论出发,以《帝女花》的译文为基础,自建小型粤剧翻译语料库,使用语料库研究方法,从标准类符形符比、平均词长与单词长度、词汇密度三个方面研究《帝女花》粤语和英语版本的差异④,探讨如何在生态翻译学理论中的"三维"(语言维度、文化维度和交际

---

① 沈有珠. 近现代粤剧在越南的演出与传播[J]. 戏剧文学,2016(4):138-145.
② 余光中. 余光中谈翻译[M]. 北京:中国对外翻译出版公司,2007:81.
③ 李燕霞,曾衍文. 跨文化传播视域下岭南粤剧的译介与流变——以粤剧经典《帝女花·香夭》英译为例[J]. 四川戏剧,2018(10):18-23.
④ 朱雁冰. 生态翻译视域下的粤剧英译——以《帝女花》英译本为例[J]. 皖西学院学报,2021(6):116-121.

维度）中追求沟通交际的平衡，达到跨文化传播的目的。

⑤粤剧翻译难点及策略。粤剧文本里有不少文学用词和典故，这些镶嵌在粤剧文本中的"源文文化"在翻译目标语中并无对应的文化内容，这为粤剧翻译带来非常大的困难，也激起了学者们关于"归化"和"异化"的翻译之辩。采用"归化"翻译策略，可以帮助海外受众理解，但是容易出现意思传达不到位的现象。例如，粤剧《牡丹亭·惊梦》的剧本中"拜揖"一词的译文为"greetings"，这仅仅表达了基本的问候之意，并没有把"拜揖"一词当中的敬意传达出来，不能表现我国古代礼仪的规范以及主人公当时"不得已而为之"的无奈之情，认为翻译为"make a bow with hands folded in front"更能体现原意①。但是，如果采用"异化"翻译策略，则容易导致译文过于冗长、拖沓。因此，学者们针对粤剧专有名词翻译提出"译+释"的翻译策略，即在符合国外受众语言和思维方式的"直译"基础上增加适当的解释。例如，深受海外受众喜爱的粤剧翻跟斗技艺，包括"毯子功"和"翻功"，通过"译+释"策略进行翻译，译文分别为"Blanket KungFu (wresting movements with body close to the ground)"和"Roll KungFu (using cartwheel to drive the whole body and rolling in the air"②。

（2）粤剧文本翻译实践研究情况

粤剧，作为流行于粤港澳的地方戏剧之一，是粤港澳大湾区的传统文化联通桥梁。粤港澳三地粤剧同仁齐心协力，一同筹备，向联合国科教文组织递交申请，于2009年成功让粤剧进入联合国教科文组织人类非物质文化遗产代表作名录。粤剧升级为世界级非物质文化遗产后，更需要粤港澳三地人民继续为其传承与传播而努力。

①粤剧演出文本翻译实践研究情况。由于历史原因，在我国香港居住、学习和工作的外国人较多，使香港汇集中西方语言和文化，粤语和英语均为香港的官方语言。香港的学者，既精通粤语又熟悉英语，既了解岭南文化也清楚西方文化。为了进一步推广粤剧艺术文化，以及帮助非华语人士欣赏粤剧，香港的粤剧发展基金会拨款约140万港元资助香港多间大学院校及学者，完成"中英对照粤剧剧目简介"及多个粤剧剧本翻译计划，包括"香港粤剧经典剧目翻译计划""香港粤剧剧本研究、整理及翻译计划"以及"叶绍德粤剧剧本翻译计划"。截至2021年，香港中文大学已经完成121个常演粤剧剧目的简介英译工作（表1-1）并鼓励粤剧社团使用中英双语粤剧剧目简介，期待通过粤剧剧

---

① 杨浩然，张映先. 粤剧英译与文化传承——以《牡丹亭·惊梦》译本为例［J］.海外英语，2021（4）：172-173，175.
② 黄映雪，曾衍文. "一带一路"背景下粤剧的外宣翻译策略探究［J］. 四川戏剧，2019（4）：41-44.

目英文简介，帮助非华语人士了解剧情，吸引他们观看粤剧。

表1-1 中英双语粤剧剧目简介表①

序号	剧目	序号	剧目
1	紫钗记	36	桃花湖畔凤朝凰/桃花湖畔凤求凰
2	朱买臣	37	唐伯虎点秋香
3	朱弁回朝	38	隋宫十载菱花梦
4	征袍还金粉	39	苏小妹三难新郎
5	张羽煮海	40	宋江怒杀阎婆惜
6	摘缨会	41	双仙拜月亭
7	再世重温金凤缘	42	双枪陆文龙
8	再世红梅记	43	十五贯
9	月下追贤	44	十年一觉扬州梦
10	月老笑狂生	45	狮吼记
11	英雄掌上野茶薇	46	三帅困崤山
12	英雄叛国	47	三年一哭二郎桥
13	一枝红艳露凝香	48	情侠闹璇宫
14	一弯眉月伴寒衾	49	情僧偷到潇湘馆
15	一楼风雪夜归人	50	俏潘安
16	一点灵犀化彩虹	51	抢新娘
17	一把存忠剑	52	乾坤镜
18	艳阳长照牡丹红	53	七贤眷
19	艳曲梵经	54	琵琶记
20	燕子衔来燕子笺	55	枇杷山上英雄血
21	燕归人未归	56	女儿香
22	胭脂巷口故人来	57	牡丹亭惊梦/牡丹亭
23	血溅乌纱	58	莫愁湖
24	枭雄虎将美人威	59	梦断香销四十年
25	仙姬送子	60	梦蝶劈棺
26	熙宁变法	61	蛮汉刁妻
27	西园记	62	吕蒙正·评雪辨踪
28	西厢记	63	洛神
29	西楼错梦	64	伦文叙/伦文叙传奇
30	西河会妻	65	龙凤争挂帅
31	无情宝剑有情天	66	六月雪
32	王宝钏	67	柳毅传书
33	万世流芳张玉乔	68	林冲
34	铁马银婚	69	梁祝恨史
35	铁弓缘	70	连城璧

① 笔者根据香港中文大学公布的粤剧剧目双语简介整理。

续表1-1

序号	剧目	序号	剧目
71	李太白	97	贩马记
72	李后主	98	范蠡与西施
73	梨花罪子	99	二度梅
74	雷鸣金鼓战笳声	100	董小宛
75	拦江截斗/赵子龙拦江截斗	101	蝶影红梨记
76	九天玄女	102	刁蛮元帅莽将军
77	荆钗记	103	刁蛮公主憨驸马
78	金凤银龙迎新岁	104	帝女花
79	笳声吹断汉皇情	105	大红袍
80	花月东墙记	106	打金枝
81	花田八喜	107	打洞结拜/千里送京娘
82	花染状元红	108	辞郎洲
83	花落江南廿四桥	109	春花笑六郎
84	胡笳十八拍	110	春草闯堂
85	胡不归	111	穿金宝扇
86	红鸾喜	112	碧玉簪
87	红楼梦	113	碧血写春秋
88	红菱巧破无头案	114	碧海狂僧
89	红了樱桃碎了心	115	宝莲灯
90	荷池影美	116	宝剑重挥万丈虹
91	汉武帝梦会卫夫人	117	百战荣归迎彩凤
92	光绪皇夜祭珍妃	118	百花亭赠剑
93	盖世双雄霸楚城	119	白兔会
94	凤阁恩仇未了情	120	白蛇传/许仙与白娘子
95	风雪卑田院/李仙刺目/绣襦记	121	霸王别姬
96	风流天子		

当非华语受众走进剧场观看粤剧演出时，如果粤剧团体在演出时配有粤剧唱词的英文字幕，更能吸引游客及当地使用英语的人士观看和欣赏，因此，香港粤剧发展基金会优选了15部经典且受欢迎的剧目进行剧本翻译（表1-2），以及对9部粤剧排场折子戏进行唱词字幕英译，旨在为粤剧演出拓展更多非华语新观众。中英双语粤剧排场折子戏包括《金莲戏叔》《平贵别窑》《试忠妻》《荷池影美之影美、打闭门、斩子》《上枷锁》《梨花罪子》《献美图》《醉斩二王》《打和尚》，均为粤剧爱好者耳熟能详的粤剧名剧。香港粤剧发展基金会通过多种资助计划，大力推动粤剧英译，以期把粤剧推上国际舞台，让非华语人士也能欣赏到精致的粤剧表演，达到弘扬粤剧传统文化的目的。

表1-2 粤剧剧本中英翻译情况表①

粤剧剧本	译者	翻译单位	粤剧翻译计划
梁祝恨史（Butterfly Lovers: Leung Shanpak and Chuk Yingtoi）	伍荣仲	岭南大学群芳文化研究及发展部	香港粤剧经典剧目翻译计划
万世流芳张玉乔（Cheung Yuk Kiu: A Heroine for All Time）	李小良 周陈燕雯		
程大嫂（The Forsaken Woman）	YEE Siu Ying Grace		
六月雪（Snow in June）	Frederick Lau		
红鸾喜（The Happy Marriage of Red Phoenix）	周陈燕雯 李小良		
蝶影红梨记（Butterfly Shadow and Red Jasmine Flower）	伍荣仲	香港中文大学音乐系	香港粤剧剧本研究、整理及翻译计划
紫钗记（The Legend of Purple Hairpin）	黄泉锋		
再世红梅记（The Reincarnation of The Red Plum）	余少华		
三年一哭二郎桥（Crying on the Second Brother's Bridge Once Every Three Years）	刘长江		
牡丹亭惊梦（The Peony Pavilion）	金佐宁		
霸王别姬（Farewell My Concubine）	黎翠珍	香港大学教育学院中文教育研究中心	叶绍德粤剧剧本翻译计划
十五贯（Fifteen Strings of Cash）	林海燕		
辞郎洲（Island of Farewell）	李沛妍		
李后主（Li The Later Ruler）	陈钧润		
朱弁回朝（Zhu Bian Returns to Court）	陈钧润		

②粤剧公示语翻译实践研究情况。作为一种有着百年历史的广府传统戏剧文化，除了通过演出推广、传播外，粤剧相关场所中也有与粤剧相关的介绍和宣传，也是粤剧重要的传播地点。粤港澳地区均为外国游客钟情的旅游目的地，2010—2019年，入境广东的外国游客从每年630多万至900多万不等，年均入境游客人数超过800万②。粤剧相关场所作为文化传播和文化旅游的重点目的地，配备中英双语介绍资料能够有效帮助外国游客了解粤剧文化。例如，坐落于广州市荔湾区恩宁路的"粤剧艺术博物馆"是岭南园林风格的仿古建筑，

---

① 笔者根据香港粤剧基金会公布的中英双语粤剧剧本名录整理。
② 数据来源于广东省旅游局。

园林中心设有纯木结构临水戏台，院落相连又相对独立，建筑主体配有传统木雕、砖雕、陶塑、灰塑等装饰，是一个集岭南建筑、岭南戏剧、岭南文化于一身，具备粤剧演出、游客参观、粤剧展览等多种功能的旅游胜地。粤剧艺术博物馆主展馆中，配有粤剧展览全过程的中英双语介绍，包括前言、粤剧的历史沿革、粤剧的艺术特色、粤剧的机构与队伍、粤剧的传播与影响、结束语。外国游客通过阅读展览信息译文，可以清楚了解粤剧的悠久历史、发展脉络、艺术特点、机构社团、海内外传播情况等。

1.2.3 粤剧译介传播国外研究情况

1.2.3.1 粤剧的生存、发展与传播研究情况

国外对于粤剧的译介传播研究以粤侨为主，粤剧爱好者及其他学者为辅，译者需要精通中英双语、中西双文化和粤剧。其中，伍荣仲（Wing Chung Ng）博士在香港出生成长，大学毕业后赴加拿大卑诗大学攻读博士学位，留在美国德州大学圣安东尼奥分校担任历史系教授，曾参与由香港中文大学组织的粤剧剧本翻译工作。伍荣仲教授于2015年出版著作 *The Rise of Cantonese Opera*（《粤剧的兴起》），详细论述粤剧的起源和形成、商业化发展繁荣、海外演出传播盛况到二战时期的衰落[1]。饶韵华（Nancy Yunhua Rao）教授于2017年出版 *Chinatown Opera Theatre in North America*，基于详细史实，以20世纪20年代粤剧跨洋到北美洲的活动场所"华人戏院"为研究入口，追溯了北美华人社会之间的紧密联系、粤剧演员的巡演网络，以及整个华人戏院圈的流动性对粤剧传播的影响，并对此进行全面深入的探讨[2]。温哥华英属哥伦比亚大学（也称"卑诗大学"）社会学系詹森（Graham Johnson）教授对中国文化非常感兴趣，是一位通晓粤语、普通话和客家话的"中国通"。詹森在进行社会学调研期间，曾先后走访香港和珠江三角洲的农村地区，其间，他在多个地方看到粤剧表演，逐渐被粤剧所吸引并喜欢上粤剧。詹森回到加拿大后，经常前往加拿大的华人社区观看粤剧演出，激发了研究粤剧的兴趣。詹森通过收集大量资料，出版了英文专著《加拿大戏剧民俗》[3]。除了发表英文著作向外国受众普及粤剧文化，詹森与夫人罗碧诗（Elizabeth Lominska）博士对自行搜集和珍藏的粤剧文本资料和物品进行整理，在加拿大多个城市举办了题为"奇花盛开振华声：粤剧在加拿大一百年"的展览，用物品及其翻译介绍间接促进了粤剧在北美洲地区的传播。

---

[1] Ng W C. The Rise of Cantonese Opera [M]. Urbana: University of Illinois Press, 2015.
[2] Rao N Y. Chinatown Opera Theatre in North America [M]. Urbana: University of Illinois Press, 2017.
[3] 《粤剧大辞典》编纂委员会. 粤剧大辞典 [M]. 广州：广州出版社，2008.

1.2.3.2 外语粤剧的研究情况

新加坡作为一个中西文化融合之地，汇集了既精通中英双语又熟悉粤剧、热衷于粤剧译介传播的粤剧从业人员及研究学者。由于新加坡的非华语受众多，当地不少粤剧社团为了扩大受众，为粤剧演出配上中英字幕，帮助非粤语受众了解粤剧。除此之外，一些社团还尝试了用英语创作粤剧，主要使用粤曲小调配上英语唱词进行表演。新加坡敦煌剧坊是英语粤剧创作的典范，其前后创作了《白蛇传》《清宫遗恨》等多部英语粤剧，并受邀前往欧洲、美洲等地区展演，不遗余力地推动粤剧译介传播。除了英语粤剧，马来西亚粤剧社团还创作马来语粤剧《拾玉镯》等，极力推广中国传统粤剧文化。外语粤剧是粤剧行业从业人员顺应海外的文化生态环境而进行的粤剧新创作和新尝试。创作团队需要精通粤语、英语和粤剧曲牌、板腔、粤曲小调等，才有可能创作出兼顾粤语唱演韵味和外语唱词语调的粤剧。

1.2.3.3 粤剧表演传播的研究情况

如果说粤剧中的唱词由于语言的差异性而存在理解障碍，需要翻译辅助的话，那么粤剧的曲调则是无国界的音乐。粤剧表演离不开粤曲，对粤曲进行研究也有助于粤剧在海外的传播。在香港长大的荣鸿曾（Bell Yung）教授曾在美国攻读音乐学博士学位。读博期间，他选择了研究粤剧音乐，并于1976年完成论文 The Music of Cantonese Opera（《粤剧音乐研究》），获得哈佛大学音乐学博士学位。随后，他以英语撰写有关粤剧、南音、龙舟等的调查报告和研究文章，相继在 Ethnomusicology 和 CHINOPERL 等期刊发表。荣鸿曾对粤剧剧本的主体语言——粤语的语言特征（语音符号、诗歌韵律）、粤剧文本的音乐性[①]等进行的研究，以及其学生陈守仁（Chan San Yan）教授对粤剧演出过程中乐器、演唱、音乐的即兴运用[②]等所展开的研究，为外国受众展现了粤剧文化特有的音乐体裁特征和语言艺术，以及粤剧抒情的韵调风格和丰富的曲调变化，引起海外受众的兴趣。

1.2.4 国内外粤剧译介传播研究的启示

粤剧汇集曲艺、文学、音乐、表演、武术等多种文化形式于一体，深受粤港澳地区人民、粤侨及海外受众的喜爱。对于身处不同语言体系的海外粤剧受众而言，粤剧译介在信息传播方面扮演着非常重要的角色。粤剧在海外的译介

---

① Yung B. The Music of Cantonese Opera [D]. Cambridge：Harvard University，1976.
② Chan S Y. Improvisation in Cantonese Operatic Music [D]. Pittsburgh：University of Pittsburgh，1986.

传播以及对当地文化的吸收和影响引起了海内外学者的研究兴趣,他们对此进行了很多翻译和传播方面的研究;粤剧学者们的研究又推动了粤剧的译介传播。前人的研究为粤剧译介传播研究打下了坚实的基础,故后续的研究可以国外译介为重点,拓宽粤剧研究的深度和广度。

1.2.4.1 粤剧翻译依然是难点,需要依托不同的翻译理论继续探讨

在新加坡、美国三藩市等海外粤侨聚集地,得益于当地的中西文化融合的文化环境,粤剧在海外的译介传播更加顺畅。学者们对粤剧文本开展翻译研究,有的直接以英语进行粤剧的创作和表演。但是,粤剧文本资料形式多样,既有粤剧场所公示语形式的介绍文本,也有含我国文化专有词的粤剧剧本。我国粤剧剧目主要来源于历史故事、民间故事、神话故事等,含有不少我国传统文化的专有词,给粤剧的翻译带来了困难。再者,如果翻译中还需要考虑粤曲韵调和板腔变换,力求押韵、顺畅,那就难上加难了。因此,需要依托不同的翻译理论,如功能翻译理论、交际翻译理论、接受美学理论、生态翻译理论等,分析、对比、研究现有的粤剧英译文本,集中针对粤剧翻译的重难点——"文化专有项"研究翻译策略,顺应受众对粤剧的接受程度,针对性地聚焦于翻译策略,研究粤剧的跨文化传播。

1.2.4.2 面对国内外环境差异,需要进行粤剧跨文化适应传播研究

跨文化是指在两种或两种以上不同文化群体之间的互动关系和作用,经常在不同文化群体间的语言文化和风俗习惯上表现出差异和冲突。正因为存在这些差异和冲突,才需要跨越差异,以包容共处的态度接受和适应文化差异。粤剧在海外传播,面对的是与国内截然不同的环境,包括政治环境、经济环境、社会环境、文化环境等。海外受众与国内受众有着不同的语言、不同的文化风俗、不同的价值观等,需要跨越不少文化差异,故而,从跨文化视角对粤剧的译介传播进行研究是推进粤剧在海外传播的必然选择。基于跨文化兼容并蓄的本质,在海外发展的粤剧不可能百分之百地照搬国内的演出模式,不然会出现"水土不服"的"症状"。要在国外进行粤剧的跨文化传播,首先需要正视文化差异,然后寻求文化的互信互融,依据粤剧在国外所处的文化生态环境及受众的反应和接受水平进行适应性的调整与发展。但是,在变化发展过程中,如何才能做好粤剧文化的传播、传承呢?例如,一部分人对于英语粤剧就存在这样的观点:不用粤语演唱的粤剧,还能算粤剧吗?因此,粤剧在海外流传,具体要如何对其进行跨文化的适应性选择,这就需要基于文化生态学、社会学、跨文化传播等多元视角继续进行探讨。

1.2.4.3 粤剧受众量逐渐减少,需要进行粤剧传播形式数字化创新升级

随着"大智移云"等数字智能的新科学、新技术的出现与应用,以网络和新媒体为媒介的数字传播形式日益普遍,受到年轻人的喜爱,成为年轻人学习、工作和生活中的一部分。粤剧以传统的舞台表演作为主要传播形式,与年轻人的距离越来越远;随着粤剧的受众日渐年老,粤剧文化被贴上"老年人专属"的标签,被年轻人边缘化。面对数字时代的技术潮流,粤剧若不选择拥抱时代,便会被时代抛弃。如何利用数字新媒体以及人工智能等新技术升级粤剧文化的传播形式,如何利用"大智移云"的科技优势克服国内外粤剧传播交流的时空限制,如何为促进粤剧译介全球传播而充分利用智能技术等种种问题,亟待学者深入探索。

1.3 粤剧研究的理论框架及研究意义

1.3.1 粤剧研究的理论框架

地处沿海地区,毗邻香港特别行政区、澳门特别行政区的广州是我国较早开放的对外通商口岸之一,也是中国改革开放的前沿阵地、多元文化的交汇点,在对外经贸文化交流和中华文明对外传播方面一直发挥着重要作用。作为中华文化不可或缺的一脉,岭南地方戏剧承载了中华文明的部分文化特质与核心价值,又与外国戏剧、海外华文文学渊源颇深,引发我国两广、港澳地区,东南亚和欧美等地戏剧界的关注。近年来,广东响应国家深化对外文学文化交流合作的号召,通过积极打造岭南文化精品外译工程,向世界展现"南粤印象",涌现出大批优秀的译介作品,为粤剧在境内外及海内外广泛传播做出积极贡献。

粤剧因其极高的艺术价值和多样的文化形式深受粤港澳地区,以及东南亚、欧美等地国家的华人圈的青睐,并进入联合国教科文组织的非物质文化遗产名录。粤剧以粤语唱腔为岭南地方特色的艺术形式,是广府地区的方言、音乐、美术、服装、武术、风俗等文化的集大成者,博采众长、兼容并蓄,在唱腔、音乐、剧目、舞美和表演等方面大胆吸收其他剧种的优秀精华,浸润于传统又变革于创新,成为岭南民间戏曲艺术独树一帜、影响深远的文化艺术,成为岭南文化的艺苑奇葩。通过粤剧译介传播推动岭南文化的海外传播,展现岭南地区历史悠久、根基深厚及特色鲜明的文化内涵和族群特征,将有助于岭南传统文化在海外的传承与发扬,是推进国家优秀传统文化"走出去"战略的务实之举。

无论是粤剧作为多种艺术文化综合体的本质,还是粤剧译介在不同文化环

境中的传播需求，粤剧的海外传播必然是一种跨文化交际，需要在粤剧译介传播研究中融入文化学、传播学和翻译学，进行"跨界"研究。因此，总体而言，需要将粤剧研究与传播学、文化学、翻译学结合起来，对粤剧的译介传播开展系统的、细化的研究（图1-7）；需要结合传播学理论的"8W"传播要素（详见3.5.2小节内容），即围绕"目的分析""环境分析""控制分析""内容分析""媒介分析""途径分析""受众分析""效果分析"这8个维度，分析粤剧的跨文化传播动机、目的、环境、传播者、内容、媒介、途径、受众、效果，探讨如何构建一个能够与不同学科互相促进、互相提升的粤剧文化海外传播策略体系，通过8个维度相互构成的传播生态域，系统性地开展粤剧的译介传播分析，分析文化生态环境、粤剧受众的变化、"大智移云"数字智能技术的快速发展等对粤剧译介传播的影响。在数字时代背景下，传播途径和媒介的变化为粤剧译介的有效传播带来了机遇，积极利用传播场域的变化提升粤剧译介的质量将有助于促进粤剧的跨文化传播。

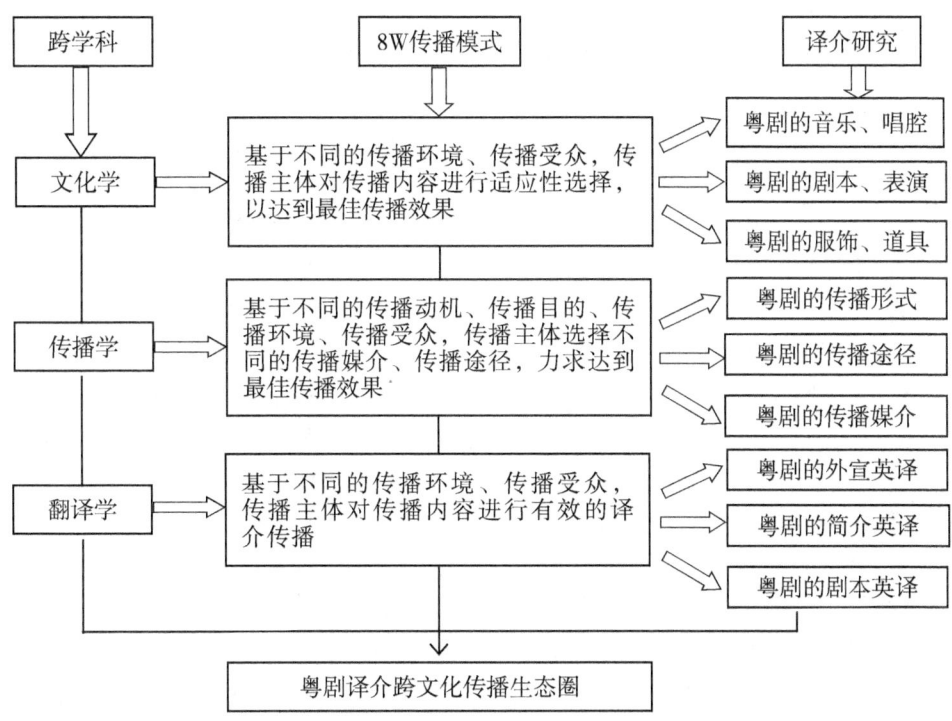

图1-7 跨文化视域下粤剧译介传播研究框架

1.3.2 粤剧研究的目的和意义

非物质文化遗产是"民族记忆的背影",是中华民族历史文化的重要载体、"活化石",保护和传承优秀传统文化是华夏子孙义不容辞的责任。通过调研粤剧海内外传播现状、粤剧英译策略、粤剧英译实践、粤剧文化海外流变等,让世界人民了解岭南传统文化,能有效促进岭南粤剧非遗文化的对外传播。

1.3.2.1 构建粤剧译介传播策略体系,能有效保护和传承粤剧文化

对粤剧译介传播的研究,可以传播学为主,以文化生态学和翻译学为辅,进行跨学科研究,探讨粤剧译介在海外传播的模式、特征、变化和发展,以及其基于不同的传播文化环境、不同代际的文化受众所进行的文化"适应性选择"。以粤剧作为主要研究对象,结合传播学、社会学、文化学、翻译学等学科,跨领域探寻粤剧海外传播的发展过程,既有利于在海外传播过程中保留粤剧文化的精粹,又能让粤剧与不同的海外文化和谐共生。我们要把粤剧文化作为"讲好中国故事"的国际传播声音,着力研究粤剧在海外传播中如何进行"文化顺应",克服文化障碍,与海外受众共情共享,推进粤剧的海外传播。

1.3.2.2 粤剧译介传播研究能拓展非物质文化遗产保护传承的深度与广度

鉴于非物质文化遗产的文化传播作用,我们需要在做好非物质文化遗产地方保护工作的同时也做好文化的外宣工作。粤剧历史悠久,拥有广泛的国内外受众,粤剧的外宣英译具有强大的受众基础,能拓宽非物质文化遗产保护传承的广度,可成为岭南非物质文化遗产外宣英译研究的突破口,为其他非物质文化遗产外宣英译研究提供借鉴。针对粤剧在不同文化生态环境中的译介传播开展研究,能延展非物质文化遗产保护传承的深度。通过粤剧文化"对内传承"与"对外传播"的相互契合,能传承粤剧文化精粹,留住岭南文化根脉,拓展非物质文化遗产保护与传承的深度与广度。

1.3.2.3 粤剧译介传播可加强以粤剧为情感纽带的文化交流活动

粤剧自清朝中后期走上海外传播之路,目前在东南亚、北美、欧洲和澳洲的华人华侨圈中广为流传,成为世界上懂粤语方言的华夏子孙之间的情感纽带。亲切悠扬的粤剧乐韵,是粤侨爱国情感的文化载体,是中外粤剧文化沟通交流的情感桥梁。例如,每四年一届的"广东羊城国际粤剧节",吸引来自我国香港特别行政区、澳门特别行政区,以及欧洲、北美、东南亚等地区的粤剧

社团前往广州参加，华人华侨在粤剧艺术表演的相互切磋交流中，将粤剧文化新风格带到境外甚至海外的不同地方传播。因而，研究粤剧译介传播新形态，有利于粤剧在海内外受众及其代际间广泛地传播与传承，这是一种对乡音乡情的情感寄托，也是一种文化传承的责任。

2 粤剧海外传播发展情况

2.1 粤剧海外传播的发展历程

粤剧作为一种岭南地方文化艺术，其传播与发展离不开其所在的地域文化环境。明末清初，随着外来剧种的海盐腔、昆山腔、余姚腔、弋阳腔等在岭南地区的传播，广州本地的南音、木鱼、粤讴、咸水歌等民间流行曲调与之融合，形成独有的粤曲韵调，演唱语言也从"戏棚官话"发展过渡为"广州白话"，逐渐形成岭南本土化的"粤剧广腔"；在表演上，粤剧以唱念做打、乐师配乐、戏台服饰、南拳功夫及抽象形体等表演艺术演绎当时岭南地区劳动人民的生活场景，本土剧本创作广泛吸纳外来剧种的精华并加以本土化融合创新，最终使粤剧成为韵律轻优流畅、表演新潮善变的岭南特色地方剧种。粤剧这一"南国红豆"在海外传播时，依然秉持着粤人兼容并蓄、勇于开拓创新的作风，在海外吸收他国的文艺形式，形成海外粤剧的独特风格。

2.1.1 广州的地缘优势促进粤剧走进五大洲

广州地处我国南方珠江出海口，拥有畅通的水陆交通。凭借其优越的地理环境，早在两千多年前，广州便成为我国最早开放的埠口之一，海上贸易可达东南亚、南亚、西亚、地中海沿岸、欧洲、非洲等地，是我国最早与其他亚洲文化、西方文化亲密接触的港口城市之一。作为我国海上丝绸之路的重要港口，广州从古到今承担着我国对外贸易的主要窗口功能，亲历了中外文化与文明的汇聚互融和多元交流。"丝绸之路"是世界上跨度最大的经济大走廊，东连亚太经济圈，西系欧洲经济圈，沿线的不同国家和地区的物质及非物质文化均发生了大量的交易和交流。亚欧文化借助海上丝路登陆广州，而岭南戏剧文化借道广州流传海外，与海外文明进行对话交流，促成了岭南戏剧文化的海内外传承与传播。

"兼容并包，开拓创新"是广州的文化基因。鉴于"千年商都"——广州从古到今在粤港澳地区的特殊历史地位及重要影响，根植华洋杂处、"兼容并包"文化土壤的粤剧，在当代因其悠久的历史和广泛的受众，成为海内外民众文化沟通最为有效的艺术载体之一，可以作为岭南地区非物质文化遗产的优秀典范，争当"排头兵"，率先破题走在前。粤剧文化以情感语言、文化记忆的方式成为岭南文化海内外传承与传播的典型，可承担起对外文化交流的责任，持续扩大粤剧在境内外和海内外的文化影响力，树立文化自信品牌，提升岭南非遗文化国际形象，书写"文化出海"的历史新篇章。广州于1990年举办第一届"广东羊城国际粤剧节"。在2016年6月举办的第七届"广东羊城国际粤剧节"活动中，我国以及来自美洲、澳洲、欧洲、东南亚等地区20个国家的143个粤剧社团参加了在粤剧节期间举行的"粤剧私伙局惠民大联展"，共展演了50台粤剧精彩剧目，来自新加坡的粤剧社团敦煌剧坊带来了形式新颖的"英语粤剧"。2020年举办的第八届"广东羊城国际粤剧节"采用了网络数字媒体技术"应援"粤剧节的传统戏曲舞台艺术，新增"云赏粤剧节"版块，通过网络直播技术展演优秀粤剧剧目。粤剧节举办期间，网络直播观看量超过1800万人次，全球粤剧爱好者足不出户也能亲身参与粤剧节的盛会。每一届"广东羊城国际粤剧节"，海内外粤剧从业人员及爱好者齐聚广州，通过粤剧展演、粤剧研讨会及讲座、粤剧艺术沙龙等活动进行相互交流探讨，在新时代碰撞出粤剧艺术多元化传播和发展的灵感火花。

2.1.2 粤剧在海外传播的主要发展阶段

粤剧沿袭了岭南地区的文化基因，以"为我所用，兼容并包"的艺术特性，根植岭南传统文化，尽显粤地深厚的文化底蕴和地域特色。粤剧在清朝随着粤人到达海外，主要在粤侨间传播和传承。随着第二代、第三代粤侨在海外出生、成长，粤剧得到了很好的传承，粤侨兴建戏院，从国内重金聘请粤剧大老倌（有名气的粤剧演员）到海外演出。但是，由于受到海外多元文化冲击，第四代、第五代粤侨渐渐远离家乡文化，粤剧文化逐渐被边缘化。笔者依循历史发展的时间轴，追踪粤剧文化在两广地区和香港特别行政区、澳门特别行政区的流传印记以及粤剧随着广府侨民移居海外向北美、东南亚、欧洲等地传播的轨迹，探寻粤剧如何以"互通乡音，联结乡情"的艺术特性融入海外地区的主流文化。总的来说，粤剧文化的海外传播大致经历以下四个阶段。

2.1.2.1 清朝——扎根萌芽阶段

明嘉靖年间，广东一带相对安定，商贸发达，粤剧娱乐兴旺。由于佛山民间演戏活动繁盛，佛山本地班建立了第一个戏班同业组织——琼花会馆，协同广东各粤剧社团和戏班的力量，助推粤剧不断向前发展。清咸丰年间，因不堪清政府的压迫剥削，洪秀全带领广大农民发起了太平天国运动。咸丰四年（1854年）粤剧艺人李文茂率领部分梨园弟子积极响应，组编文虎（小武和武生演员）、猛虎（二花面和六分演员）、飞虎（武打演员）三军参加了起义。清政府为了消灭太平天国势力，不分青红皂白地残杀粤剧艺人，火烧佛山琼花会馆建筑。为了镇压起义，清政府颁布了长达15年之久的粤剧禁演令，使粤剧受到空前的严重打击。在粤剧禁演期间，粤剧艺人无所依靠、穷困潦倒，只能逃亡省外或海外，从而间接形成了一波粤剧艺人"出海潮"，促进了粤剧"走出国门"，在海外"开疆拓土"。另一波粤剧艺人"出海潮"源于粤人到国外务工的行动。当时广东大批人民为了生计，或自愿，或被骗，或被强行关押，被运至海外各地务工。人口贩子以"看戏""演戏"为诱饵，欺蒙拐骗岭南地区底层人民，贩卖中国劳工如渔民、农夫、粤剧艺人等去北美洲或东南亚等地区从事修路、采矿、农作等苦力劳动。随着岭南地区出国华工逐渐增多，岭南戏剧逐渐传播至海外，遍布全球五大洲。当时，流行着一种说法：有海水的地方就有华人，有粤籍华人的地方就有粤剧。来自家乡的粤剧、粤曲成为背井离乡的粤籍华工悲苦清贫生活里难得的消遣，更成为他们念祖思乡的慰藉，这在无形之中为粤剧在海外的传播奠定了坚实的受众基础。

2.1.2.2 近代——生长发展阶段

粤剧在北美、欧洲等地的粤语华人聚集区以及在东南亚地区都深受当地粤侨喜爱。根据美国《阿尔塔加利福尼亚日报》记载，早在清咸丰二年（1852年），广东粤剧团鸿福堂就跨越太平洋，前往旧金山为参与金矿挖掘工作的粤籍华工演出粤剧传统剧目《六国封相》[①]。此外，新加坡作为粤人坐船"下南洋"的主要靠岸点和聚集地，粤剧在新加坡被广为传唱，奠定了新加坡作为"粤剧第二故乡"的地位。粤剧文化从而以新加坡为中心，向东南亚其他周边国家和地区辐射传播。粤剧在欧洲传播的情况，可以从晚清王韬之著作《漫游随录》中所记载的内容中了解："有粤人携优伶一班至，旗帜新鲜，冠服华丽，登台演剧，观者神移，日赢金钱无算"[②]。此粤剧演出盛况发生在清同治六年（1867年）的第二届巴黎世界博览会上，使粤剧以"Cantonese Opera"一称为欧洲民众所知悉。

2.1.2.3 现代——繁荣—式微阶段

20世纪20年代末至30年代是粤剧艺术发展的第一个高峰期，粤剧在广府地区落地生根并从多个方面获得融合发展。粤剧语言与广府地区方言结合，从"戏棚官话"改为"广府白话"；粤剧唱腔由假嗓变为平喉；粤剧表演从全男班或全女班发展到男女同台表演；粤剧曲调从以弋阳腔和昆腔为载体的简歌易语发展为融广府地区南音、粤讴、咸水歌等广东民谣曲律于一体的浅唱轻吟，

[①]《粤剧大辞典》编纂委员会.粤剧大辞典［M］.广州：广州出版社，2008：1077.
[②] 谢彬筹.粤剧形成年代的初步看法［EB/OL］.（2014-10-05）［2021-06-06］.http：//www.crntt.com/crn-webapp/cbspub/secDetail.jsp?bookid=31721&secid=31732.

配上锣鼓笛箫扬琴，既呈现写实派的动感热烈，又具有写意派的空灵唯美。粤剧的本土化多元融合发展，以及从乡下走向城市的发展路径，使粤剧成为广府地区民众的主要休闲娱乐方式，一批批戏院如雨后春笋般破土而出，粤剧发展形成了"省港大班"的繁荣兴盛景象。与国内粤剧兴盛遥相呼应的是，在东南亚地区和北美地区聚集的粤侨也同时推进了粤剧在当地的发展。作为乡音乡情载体的粤剧，在海外得以推广，深受在当地务工和居住的粤侨欢迎。20世纪初，海外粤侨兴建戏剧院，东南亚和北美地区的粤剧戏班顺势而起，排演粤剧剧目，并且花重金从国内聘请专业的粤剧"名角"和"大老倌"漂洋过海前往当地出演粤剧。当粤剧在海外上演的是国内名角的首本戏时，卖座演出经常出现一票难求、座无虚席的景象，粤剧在海外的传播进入繁荣发展的佳境。

20世纪30年代末至40年代，国内经历抗日战争、解放战争等一系列历史事件，国家的动荡、社会的不安促使粤剧艺人为了寻求生存纷纷前往海外地区谋生，使粤剧的海外传播再一次集聚，形成粤剧海外传播的又一次小高潮。到达海外的粤剧艺人，顺应时势的变化而不断变革创新海外粤剧的演出内容和形式，他们身在海外，依然心系祖国，编写宣传国内民主革命题材剧进行演出，之后以粤剧的海外受众为主力，传播革命进步思想，用戏剧的形式对国内同胞给予支持。随着第二次世界大战爆发，东南亚地区的粤侨及当地的粤剧艺人同样遭受战争之苦，流离失所、食不果腹，以娱乐功能为主的粤剧被搁置，粤剧在海外的传播自然而然地开始衰落。后来出现的电影和电视技术，大大减少了观看舞台粤剧的观众数量，粤剧逐渐式微。

2.1.2.4 当代——复兴阶段

20世纪70年代末，我国开始实施改革开放政策，珠江三角洲地区经济发展迅速。随着广东人民群众的生活日益变好，备受广府地区群众欢迎的粤剧呈现出"万家灯火万家鸣"的复兴盛况。粤剧界在国家政府"弘扬传统文化，振兴粤剧艺术"的文化政策下，革新粤剧团表演推广的状态，创新多样化的粤剧推广形式：举办粤剧名伶个人艺术展演，打造"名角效应"，吸引戏迷支持粤剧发展；举办粤剧演艺大赛选拔粤剧青年人才，挖掘和培养粤剧文化传承人；举办"羊城群众粤剧大联展"，让粤剧走进社区，亲近群众，从而推广粤剧，扩大粤剧受众范围；举办以"粤剧保护传承"为主题的研讨交流会，共同探讨国内—国外双沟通的粤剧复兴繁荣之策；等等。政府层面上，每四年举办一届"广东羊城国际粤剧节"及每年组织上百次的出境出国演出，让精品粤剧走向世界，吸引世界粤剧社团来访中国，为粤剧文化搭建了国际交流合作的平台。例如，1990年12月12—20日，首次举办的"广东羊城国际粤剧节"在国内外反响热烈，吸引了来自东南亚、北美、欧洲等地的国家及日本等海外38个粤剧社团来粤参与，参演人数超过两千人，从此，"广东羊城国际粤剧节"成了全球华人华侨的文化盛会，海外粤剧社团访华交流、携优秀粤剧同台竞技的出色平台。这一时期，粤剧的海内外传播呈现出"中外交流""双线交流"的多形式传播景象。21世纪初，我国提出了"中华文化走出去"的文化传播方针，为粤剧的海外传播发展指引了方向，助力中国优秀传统文化"走出去"。2009年9月30日，经由粤港澳三地粤剧团体联合申报，粤剧成功入选联合国教科文组织的"人类非物质文化遗产代表作名录"。粤剧这一极具岭南风情特色的经岁月积淀而留下的戏剧"活化石"，通过缱绻吟唱，成为浩瀚如海的历史长河中的璀璨明珠，它的国际影响力也与日俱增。

2.2 粤剧海外传播的生态环境

粤剧在海外浮沉历练百年，经历了起伏曲折的发展过程。在不同的历史时期，面对海外不断变化的文化生态环境，粤剧持续进行着顺应创新，保持了一定的生命力与发展活力。在国际多元文化频繁交流、友好并存的新时代，这给粤剧文化勇敢"走出去"并在海外发展传播构筑了良好的生态环境。

2.2.1 "一带一路"背景下的文化交流

2013年秋，习近平总书记提出共建"一带一路"倡议，创造性地传承弘扬古丝绸之路这一人类历史文明发展成果，并赋予其新的时代精神和人文内涵，为构建人类命运共同体提供了实践平台。2023年是"一带一路"倡议提出十周年，10年时间，"一带一路"所倡议的"政策沟通、设施联通、贸易畅通、资金融通、民心相通"逐步落实为行动，实现从"大写意"到"工笔画"的转变，把规划图转化为实景图。"一带一路"成员国家之间频繁的贸易往来，大大促进了"一带一路"沿线国家和地区的文化交流，"文化认同""文化包容"为新时代的粤剧译介传播构建了"和谐沟通""民心相通"的文化交流大环境。我国传统戏剧艺术传播是中华文化"走出去"的助推器，增强民族文化自信，促进了世界文化交流与合作。海内外的粤剧文化传播交流，包括中外粤剧团体互访交流、中外戏剧相互借鉴改编、中英文粤剧表演传播等，均为"一带一路"倡议"文化互信"的落地成果。因此，借着"一带一路"倡议构建的良性文化生态环境，关注粤剧译介海外传播的文化生态适应性转变，多维度分析和审视粤剧文化对外传播的问题，有助于开创粤剧文化海内外传播的新局面。

2.2.2　海外当地社会的文化生态

粤剧文化在海外传播不可避免地受到当地社会的文化生态影响。粤剧在国外主要流传于当地的粤侨聚集区域（如唐人街），作为海外国家或地区的小众文化，与当地其他文化共存。当地的政府对小众文化是否友好、对小众文化有否相关政策支持，以及当地社会对粤剧文化的态度等，均影响粤剧文化在当地的流传。例如，在海外出生和成长的第四代、第五代粤侨，他们逐渐远离粤语和粤地文化，对粤剧文化了解不深，因而，粤剧文化主要作为当地粤侨族群的文化联结，每逢重要的年节或族群活动，由当地粤侨自发组织演出，以自娱自乐为主；粤剧在海外的传播主要依靠当地的粤剧爱好者和业余的粤剧社团，但两者的数量在逐渐减少。

2.2.3　粤剧文化、翻译者、传播者、受众构成的文化生态

文化生态学提倡基于"平衡和谐"的原则对文化传播进行整体性观察和理解，分析文化传播的群落生态，主要由密切相关的各主体方组成。从粤剧文化活动各主体间的平衡看，需要取得译者与粤剧文化受众、传播者与粤剧文化受众之间的平衡。从粤剧文本生态平衡角度看，译者需要保持粤剧文本与翻译文本的词句平衡和文化平衡。翻译者作为粤剧文化传播的桥梁，可将粤剧简介、剧本、唱词等文本资料翻译为其他语言，让更多的海外受众能够了解和欣赏粤剧的独特魅力。译者的文化素养和跨文化交流能力，对粤剧文化的感受，以及对海外社会文化的认知、对海外受众的了解等，对翻译的质量和传播效果会产生重要的影响。粤剧文本译者作为"生态人"的存在，是语言和文化的"转换者"，在翻译实践中实现译者生存、文本生命与翻译生态的和谐关系[①]。粤剧文化译者需要精通中英双语和中外双文化才能协调语言生态、文化生态与交际生态之间的平衡，使得文化环境、粤剧文化和各主体组成的传播群落在协调和谐中共同发展。

2.3　粤剧海外传播的不同方式

2.3.1　通过粤剧文本传播

由于广东地处我国南方沿海地区，从清朝末期开始，到海外务工定居的粤侨遍布世界多个国家和地区。19世纪，粤剧随着祖籍岭南的华人在海外扎根并蓬勃发展，是我国地方戏剧在海外传播最广泛的戏剧之一。我国的香港特别行

[①] 罗迪江. 译者研究的问题转换与生态定位：生态翻译学视角[J]. 中国翻译，2020（5）：13-19, 190.

政区，交融汇集中西方文化，为海外学者研究粤剧提供了天然的环境和条件。关注及研究粤剧的海外学者多与香港相关，他们的研究促进了粤剧在海外的传播。例如，美国德州大学圣安东尼奥分校的伍荣仲博士生于香港，其著作 *The Rise of Cantonese Opera*（《粤剧的兴起》）以20世纪初至太平洋战争前夕为时序框架，向读者详细介绍了粤剧在粤港地区及海外演变发展的过程，透析粤剧兴起的轨迹，并且记述了近现代时期粤剧在太平洋彼岸演出的盛况[1]。该书出版后，获得海外学者的关注和积极反响，先后在主要学术期刊登载，涉及的领域有亚洲研究、中国研究、中国音乐、戏曲、戏剧演艺与华人移民史等，其相关书评已有10多篇。此著作先有英文原版，后有相应的中文版本。

英国的人类学学者华德英（Barbara E. Ward）从1950年开始旅居香港，通过田野调查对香港及华人社会文化进行研究。其中，她对粤剧神功戏的社会学作用兴趣颇浓，曾多次前往香港八和会馆访问，邀约粤剧红伶等专家进行专访或者座谈；她也曾多次前往观看神功戏《祭白虎》。1979年，华德英从人类学的角度，以我国香港的粤剧神功戏为研究对象，发表与粤剧相关的研究论文 *Not Merely Players: Drama, Art and Ritual in Traditional China*，论述中国传统戏曲中的艺术性与宗教性；后续发表《从人类学看香港社会——华德英教授论文集》等著作[2]，内含许多与粤剧相关的研究材料及论文，在海外学术界均具有相当大的影响。

无独有偶，加拿大英属哥伦比亚大学社会学系詹森教授，是位通晓粤语、普通话和客家话的"中国通"，他曾先后走访香港和珠江三角洲地区的农村进行社会学调研。调研途中，他被当地广为流传的粤剧所吸引，逐渐爱上粤剧并醉心于它的研究。回到加拿大后，他还经常前往温哥华的华人社区观摩粤剧演出，收集了大量资料，并撰写和出版了英文专著《加拿大戏剧民俗》，其妻子罗碧诗博士发表文章 *Cantonese Opera in Its Canadian Context: The Contemporary Vitality of an Old Tradition* 和 *Evidence of an Ephemeral Art: Cantonese Opera in Vancouver's Chinatown*，向海外读者介绍粤剧。

继日本学者田仲一成沉迷于中国传统戏曲的形成渊源研究，亲自前往闽粤两地进行实地研究，出版了《粤剧的形成和传播》等中国祭祀戏剧研究成果，日本汉学专家波多野太郎也加入了"实地考察"研究队伍。波多野太郎翻阅和搜集了大量文献资料，前往我国香港特别行政区和澳门特别行政区进行调查访问、观看演出，致力于探索粤剧的渊源、演变和现状，其相关研究成果《粤剧

---

[1] Ng W C. The Rise of Cantonese Opera [M]. Urbana: University of Illinois Press, 2015.
[2] 《粤剧大辞典》编纂委员会. 粤剧大辞典 [M]. 广州：广州出版社，2008.

管窥》对粤剧善改革、随潮流的表演特点和风格艺术给予了中肯的评价[①]。

2.3.2 通过粤剧演出传播

粤剧表演是粤剧海外传播的主要方式之一。为了适应海外的文化环境，粤剧的海外表演有诸多适应性变化，具体体现在演出时间、演出方式、演出内容、演出唱词等方面进行"文化顺应"，克服文化障碍，从而促进粤剧在海外受众中的传播与交流。在演出时间上，清朝末年，当粤剧随着粤侨传播到夏威夷时，由于夏威夷地处热带地区，全年气候温暖，即使在冬季，温度都在25℃左右，因此，室外的粤剧演出基本不在白天进行，而是选择气温相对舒适的晚上且持续到半夜。而在东南亚地区，由于国家间的距离较近，粤侨聚居在不同的国家和城市，粤剧戏班以"走埠"演出的方式到各个国家和城市进行巡演传播[②]。在演出内容上，一是对粤剧已有剧目进行改编，例如，基于海外受众对中国功夫和武术的浓厚兴趣，戏班尽量选择含有武打情节的演出剧目，或者对国内剧目进行改编，新增或强化武打动作剧情，让粤剧的武打动作极具南派功夫的特点，场面异常精彩；二是把西方剧目改编为粤剧演出，例如，著名粤剧表演艺术家马师曾大胆革新创造，把外国作品《八达城之盗》改编为其首本戏《贼王子》，该戏在中外粤剧界引起轰动，获得了空前的好评和热烈的反响。在演出唱词方面，为吸引不懂粤语的海外受众了解和观看粤剧，粤剧团采取多渠道的传播方式，包括发布英文演出广告、为演出剧目印刷英文传单、在表演过程中提供英文唱词字幕以及用英文填写粤剧唱词，甚至直接用英文唱演粤剧。例如，新加坡粤剧团敦煌剧坊对粤剧剧本进行英文版的编译和改译，将粤剧简介和唱词翻译成英文演出字幕，使用英语唱演粤剧。由新加坡粤剧团敦煌剧坊创建人黄仕英先生编译的第一部英文粤剧《白蛇传》一经面世便引起轰动，在欧洲及南美洲等地演出时，观众好评不断。随后，黄仕英先生又创作了大型英文粤剧《清宫遗恨》，在全球30多个国家和地区上演，获得当地观众的高度认可。

观史知今，中西方文化交流双向而生，既有"东学西传"，也有"西学东渐"。频繁走出国门的粤剧逐渐融入外国文艺和舞美科技的先进元素，在舞台美术和场景布景等方面改革突破。此种形式的革新嬗变，使粤剧演绎实现质量上的飞跃，尤其是方言俚语的大量使用，使得唱腔音乐的地域性特点愈加明显，最终形成粤剧浓郁的岭南味道。从情感上增加粤剧对海外粤籍受众的亲和力，消除了彼此的距离感，因此，粤剧深受当时我国珠江三角洲、港澳地区人

---

① 周丹杰. 海外粤剧研究述评［J］. 粤海风，2022（1）：54-58.
② 黄伟. 20世纪初期海外粤剧演出习俗探微［J］. 戏剧（中央戏剧学院学报），2014（1）：103-111.

民,以及美洲、东南亚等地华人华侨的欢迎。西方的戏剧表演程式同样也受到粤剧艺术的影响,使得粤剧与当地文化产生了互动。20世纪初,美国本土戏剧受到在美粤剧表演的影响,创造性地吸收粤剧文化的艺术精华。美国戏剧行业从业人员创作了一系列反映华人生活或中国故事的英语中国剧,在美国剧坛引起强烈反响。以中国传统故事为原型的美国戏剧《黄马褂》是戏剧文化互鉴互通的典范,它在舞台的表演形式、音乐背景、服装造型等方面突破美国常见的写实主义手法,改用粤剧的写意虚拟表演程式演出,获得了巨大成功。粤剧艺术的"东学西传"和"西学东渐"正是粤剧艺术与当地文化交流与互通的优秀范例,体现了中西方对彼此文化的认同与尊重。粤剧在海外传播过程中,不断汲取当地优秀的戏剧文化基因,在文明互鉴下生存,在开放与包容中寻得新的发展之路,与海外其他艺术形式和谐共存,并得以传承与发展[①]。

2.3.3 通过粤剧教育传播

在粤侨聚集的新加坡,粤剧活动丰富,在当地颇具影响力,使得东南亚地区成为粤剧传播的核心区域之一。新加坡政府及当地粤侨共同希望粤剧文化能够在当地传播与传承,以延续中华民族文化持久的生命力。一项文化的传承必然离不开当地的受众,扩大文化受众覆盖面成为文化传承的必然之举。不可否认,粤剧的海内外传播需发挥粤剧现有的主要受众——老年人的余热,通过代际间"以老带幼"的形式促进粤剧传播与传承。但是,如果粤剧受众仅为老年人,粤剧必然被看作是日渐式微的"夕阳"文化,因此,需要把粤剧文化植根到年轻人群体及儿童群体中,通过"以老带青、以老带幼",增加粤剧的"朝阳"生机,延伸粤剧的未来希望之路。例如,在新加坡,就有近30个非营利性质的粤剧业务团体活跃于当地的社区、学校和剧院,传播粤剧文化。不同组织形态的粤剧社团均努力创作贴近年轻人群体的粤剧作品,同时在面向年轻人和儿童的教育中融入粤剧文化元素。其中,受到新加坡政府资助的敦煌剧坊经常到学校、社区、民间社团等举办公益性的粤剧讲座,展开粤剧的专业示范表演,播撒粤剧未来发展的希望之种。另一方面,具有商业性质的粤剧组织则通过粤剧教学、伴奏演出等形式开设"身段班""演唱班""武术班"等粤剧专业培训班,将粤剧的传播与群众的强身健体、艺术文化学习结合一起,把粤剧打造成一种技能文化和时尚风潮。而新加坡社区活动中心的粤剧小组则是新加坡民众触手可及的粤剧文化集散地,它为社区居民开设粤剧兴趣课程以及为举办粤剧活动提供了优秀平台,使粤剧文化走下舞台,成为亲切、通俗的社区文

[①] 曾衍文. 从文化生态视角看粤剧译介在海外的传播[J]. 戏剧之家,2022(9):19-21.

化。为了能够触及更多的年轻受众，当地的粤剧团体也采用了年轻人日常使用的社交媒体进行教育传播，包括在视频类社交媒体平台YouTube上传粤剧唱段供受众线上学习，在社交媒体平台Facebook开设账号，推送粤剧相关的知识、普及粤剧文化等以吸引年轻观众。以民间粤剧社团为主导的粤剧教育传播形式，不仅存在于新加坡、马来西亚等东南亚地区的国家，并且普遍存在于海外多个国家和地区，例如，美国三藩市有20多家民间粤剧乐社，加拿大温哥华的燕凤鸣粤剧团、澳大利亚悉尼的澳洲侨青社等粤剧社团均提供粤剧的教学和组织活动。在多元文化并存的海外传播环境中，海外业余粤剧社团的教育译介形式将作为粤剧在海外主要的传播形式，帮助粤剧在海外传播传承[1]。

2.3.4 通过粤剧受众传播

粤剧一直以开放兼容、博采众长的态度吸收其他剧种和其他文化的艺术精华，形成和丰富自己的风格特色。粤剧的来源之一为以粤地方言和民谣为基础的本土腔调，演出内容来自民众生活与市井文化，具备平易浅显、通俗易懂的特征，迎合了世俗大众的消遣需求。然而，受到国内外社会多元文化的冲击，以舞台为传统表演形式的粤剧艺术与年轻受众的距离越来越远。据调查，愿意坐在舞台前观看粤剧的戏迷年龄普遍在50岁以上，呈现老龄化趋势，所以在粤剧传播中很需要"善用"这些戏迷。"45岁以上的中老年群体，是我们非遗项目保护和传承最忠实的粉丝和最天然、最可靠的同盟军。他们既是非遗保护和传承最稳固的受众，也会是非遗保护和宣传最好的宣传者。"[2] 在我国粤港澳地区，无论在社区公园或老年人活动中心还是村头大榕树下，依然可见中老年人组成粤剧私伙局相聚，一起唱演粤剧的身影；听众也是两极分化，以中老年人的主动欣赏以及他们所带的孙辈的耳濡目染为主。因而，弘扬和推广粤剧艺术离不开活跃在戏剧舞台的引导者——中老年人。跟国内情况相似，海外粤剧社团也以"大手牵小手"的代际传播形式推广粤剧，让年幼观众亲近粤剧文化。众所周知，粤剧是以粤语为母语的华人之间的文化纽带，是海外粤侨族群根脉相连的文化传承载体。看粤剧和唱粤曲不仅是一般的观赏娱乐，也是粤侨保持自己的乡音乡情和家乡文化的一种途径或者方式[3]，粤侨对保护和传承粤剧文化有着强烈的责任感和使命感。例如，新加坡的敦煌剧坊每年均前往当地的学校和社区开展粤剧讲座和活动；新加坡的徐家班戏曲艺术团定期举办粤剧

---

[1] 曾衍文. 从文化生态视角看粤剧译介在海外的传播[J]. 戏剧之家，2022（9）：19-21.
[2] 和琼. 从非遗受众的培育来谈非遗的保护与传承[J]. 卷宗，2016（6）：888.
[3] 符国伟. 彰显地方特色，弘扬粤剧文化，实现资源共享——谈文化信息资源共享工程下建设粤剧数字资源库的构想[J]. 图书馆界，2005（4）：35-37.

化妆、粤剧武术、戏剧表演、粤曲演奏等"亲子班"[①]；新加坡的新艺剧坊自掏腰包补贴仍坚持每年呈献两场大型的粤剧展演……海外粤剧团体极力通过不同的形式营造了良好的粤剧文化传播生态环境，多渠道拓宽受众面，凝聚观众作为粤剧非遗文化传播主体的社会力量。

2.4 小结

粤剧作为一种文化艺术，其传播与发展离不开所处的地域社会文化环境，社会文化环境的变化，会相应引发粤剧海外传播的高潮与低谷。粤剧在海外流传的过程中，必然遇到文化障碍、经历文化碰撞，为了适应与国内截然不同的海外文化环境，满足海外受众对粤剧文化的需求，粤剧的表演内容和表演程式又必然不断经历适应性的选择、变化，在"冲突—变化—适应"的进化过程中逐渐适应海外新的文化生态环境及市场需求，最终为海外观众所接受和喜爱，得以存活和发展。一方面，为扩大粤剧的受众面，让更多外国友人了解粤剧，不少国内外粤剧研究学者从不同的研究角度探寻粤剧的渊源及其海外流传之路，通过粤剧文本传播粤剧。另一方面，海外粤剧社团根据海外演出受众、文化环境的不同调整粤剧的演绎风格，极力推动戏剧的外译、英语粤剧演出等；同时，走进学校和社区，普及粤剧文化知识，让海外民众了解粤剧；通过举办各种粤剧文化培训班，提升受众兴趣，培养粤剧人才。在海外，粤剧推广者正通过多方努力从广度和深度上拓展海外的粤剧受众，共同促进粤剧的海外传播。

---

① 李燕霞，曾衍文. 岭南海丝文化的推广与传播——以世界级非遗广东粤剧为例［J］. 戏剧之家，2022（20）：27-29.

3 跨文化传播视域下的粤剧译介研究

粤剧作为中国地方戏曲的典型代表,由于受地域性和文化背景的影响,海外受众在了解、认知、接受粤剧文化上受到限制,需要传播者通过跨文化传播视域下的粤剧译介研究,提升粤剧文化译介传播的质量,促进不同文化之间的交流和理解,推动中华文化的海外传播。

3.1 粤剧译介的原则

粤剧译介是一种向海外传播我国传统戏剧文化的重要方式,是基于我国粤剧文化文本资料提供的信息源,以英语作为主要的语言载体,并通过各种媒介形式向外国受众(包括在中国境内的外籍人士)传播粤剧文化的文化交流活动。由于粤剧是一项休闲娱乐活动,其译介传播是基于纯粹的文化信息对外传播,是让国际受众了解中国传统戏剧文化的重要途径。全球化促使各国和地区之间的人员频繁往来,移动互联网使信息跨越国界传送,给传统文化的传播创造了更广阔的发展空间。粤剧作为一种古老而独特的文化形式,其译介传播并不仅限于以本土受众为对象,还帮助国外受众了解粤剧文化,进行思想、信息、文化的交流与传播,具有全球性和国际化的特点。在这种背景下,粤剧译介作为公开、正面讲好"中国故事"的中国文化传播形式,应该遵循一系列的粤剧译介基本原则,以确保其传播的质量和效果。

3.1.1 基于"外宣"角度的译介三原则

粤剧作为中国传统文化的一部分,具有极其独特的戏剧艺术和文化风格,国外受众对它的认知和了解还存在一定程度的差距。黄友义教授(2004)建议翻译人员进行我国外宣翻译时务必坚持"外宣三贴近"原则,即贴近中国发展的实际、贴近国外受众对中国信息的需求、贴近国外受众的思维习惯。[①]对于粤剧文化外宣翻译来说,可以把"外宣三贴近"原则灵活调整为:贴近粤剧文化特点和发展实际,贴近国外受众对粤剧文化的了解需求,贴近国外受众的思维方式、文化和语言表达习惯。

3.1.1.1 贴近粤剧文化特点和发展实际

粤剧文化在发展过程中,自然而然地与粤剧文化所在地区的经济文化、社

---

① 黄友义. 坚持"外宣三贴近"原则,处理好外宣翻译中的难点问题[J]. 中国翻译,2004(6):27-28.

会文化、民俗文化产生相互影响，因此，在进行粤剧文化文本翻译传播时，需要结合粤剧文化所在地的实际情况开展译介工作。

经国务院批准，目前，来自全球54个国家持有有效国际旅行证件和144小时内确定日期、座位前往第三国（地区）的联程客票（包括机票、船票、列车票、前往港澳地区的汽车票等）的外国人，可选择在广东省指定的任一口岸入境，在广东省内区域过境免签停留144小时。据广州白云边检统计，2024年上半年，已有超206万人次外籍人员由白云机场口岸入出境；除此之外，广州每年春季和秋季举办的广交会及广东其他地区举办的各大国际性展会，均吸引了大量的海外商务及旅游人士前往广州。2023年举办的第133届和第134届广交会线下参会的境外采购商人数分别高达129 006人和197 869人。这些海外商旅人士，无论是常住广州，还是作为商务、旅游的短途客人，都可能成为广东粤剧文化景点的潜在游客，通过游览广东的粤剧文化景点、观看其中的英译文本了解粤剧文化，成为粤剧文化传播主要的海外受众之一，更可能成为广东传统戏剧文化的认知者和传播者。因此，广东粤剧文化景点需要尽可能地提供便于海外人士正确了解和认知广东传统戏剧文化的帮助，包括提供数量充足的粤剧文化文本的英语译文，以及提供除了英语译文外的其他多种小语种译文，供海外商旅人士了解粤剧文化。例如，位于广州市荔湾区恩宁路的粤剧艺术博物馆，与周边的永庆坊、荔枝湾构成富有岭南水乡建筑风格的旅游景点，吸引着大量的游客。粤剧艺术博物馆里面，为每一个展览单元都提供了中英双语简介；对主要的展览均进行了中英双语介绍；部分主要事件和相关物品的中文解说也有对应的英文版本，为海外参观者了解粤剧文化提供了极大的便利。但是，广东其他地区的大部分粤剧文化景点没有提供英语或其他外国语种的译文供海外游客阅读了解。

对于身处国外的粤剧文化受众，主要通过海外的粤剧演出、文本著作资料、少数博物馆资料等感受和了解粤剧文化。我们不得不承认，粤剧文化在海外地区处于"小众文化"的社会文化地位，主要流传于华人聚集地的粤侨族群中。海外的粤剧文化需要与当地的主流文化既融合又错位地发展，才能既保留粤剧自身的文化特色，又能兼顾传播所在地的文化价值。

3.1.1.2 贴近国外受众对粤剧文化的了解需求

对于来粤商旅人士来说，无论是参观粤剧艺术博物馆、红线女艺术中心，还是观看粤剧表演，主要目的是以休闲娱乐为主、了解粤剧文化为辅。我国粤剧文化极具岭南特色，在各个粤剧文化景点中保存和展现，可让游客通过游览粤剧文化景点感受粤剧文化。由于国外受众缺乏对粤剧文化的了解，对粤剧文化内涵感受不深，笔者认为粤剧文化景点译文应该贴近国外受众对岭南粤剧文化的了解、需求，译文首先需要着重于粤剧艺术文化及其发展的事实叙述，让国外受众先了解相关基本信息的"5W"，即who（谁）、when（何时）、where（何地）、whom（为谁）、does what（干些什么）；然后，在粤剧文化精神内涵的译介传播上，把粤剧文化中不畏艰难的"红船精神"、勇于创新的"变革精神"与普世价值观联通，引起海外受众的情感共鸣。对于在海外传播的粤剧文化而言，由于缺乏国内的粤剧文化传播大环境，加上受到海外主流文化的冲击，更加需要以引起海外当地受众的兴趣为重点，首要吸引海外受众迈出第一步——尝试了解粤剧文化。

3.1.1.3 贴近国外受众的思维方式、文化和语言表达习惯

在海外传播的粤剧处于陌生的海外"小众文化"传播环境中，由于语言不同、文化不同，海外受众在思维方式、语言表达、文化感受等方面与国内受众存在较大差异。在译介表达上，务必注意中英文在语言结构和表达上的不同，避免出现语法和语义表达上的错误。然而，粤剧文化译介中最难的不是语言，而是国外不同的文化环境和海外受众的思维习惯，因此，传播者需要处理好粤剧文化翻译的"度"。如果译者不对国外受众的文化价值观和思维模式加以细致考虑，仅仅机械化地把中文内容翻译成英文词句，就无法达到粤剧文化译介的"外宣"作用，更可能产生负面的传播效果。

3.1.2 基于"目的"角度的译介三原则

粤剧文化的资料种类繁多，有粤剧演出的视频资料，也有粤剧介绍文本等资料，其中粤剧文本的公示语资料包括粤剧文化场所的标识牌、粤剧文化景区的介绍语、粤剧文化景点的导游词、粤剧文化艺术的宣传册（如粤剧表演的海报和剧目简介）等。粤剧文本的公示语翻译目的在于引导和帮助海外受众了解粤剧基本情况和理解粤剧文化。根据德国翻译功能派理论的观点，翻译是一种带有明确目的性质的人类行为活动。为了达到预定的翻译目的，译者需要从译文受众的角度出发，遵循以下三个基本原则来进行粤剧文本资料的翻译。

3.1.2.1 目的译介原则

目的原则在翻译目的论中处于核心地位。翻译目的论主要聚焦于翻译功能是否实现以及翻译目的能否达成，而译文与源语在词句形式上是否对等则处于次要地位。基于目的原则，粤剧文本资料译者必须参考译文受众的文化和价值观等背景知识以及粤剧所处的文化环境，在翻译过程中对粤剧资料进行灵活处

理，使译文更符合海外受众的理解水平，从而达到与译文受众进行有效交际的目的。其他两个原则处于从属地位，都是围绕达到目的原则而展开。

3.1.2.2 连贯译介原则

为了确保粤剧文本译文能够被海外受众理解和接受，实现其传播交际功能，译文需要符合译入语的"语内连贯"标准。在粤剧文本的翻译过程中，译者不必过分拘泥于原文的句式顺序和表达方式，而应基于译入语使用者的语言使用习惯和文化价值观念进行翻译，从而保证译文上下文之间的语言和语序表达前后连贯、彼此照应。同时，还要注重整个文本的一致性、可读性和逻辑性，从而实现语境和信息的连贯性，帮助译文受众能够顺利地接收并准确理解原文表达的信息，达到粤剧文化传播交流的目的。

3.1.2.3 忠实译介原则

在遵循上述两个原则的基础上，译者需要进一步考虑忠实原则。根据德国翻译学家凯瑟琳娜·赖斯（Katharina Reiss）的文本功能理论，文本可分为信息型、表情型、操作型和视听型等四个类型，每个类型都有不同的主导功能和辅助功能。粤剧文化景区的介绍语以及具体的文化内容简介等文本主要具有信息型功能，粤剧文化景点的导游词兼具信息型和表情型功能，粤剧文化场所的标识牌则以操作型功能为主；而粤剧唱演则属于视听型功能。在翻译时，译者需要忠实于原文的主导功能，在译文中所使用的语言和文体都应该为主导功能服务，向译文受众传递粤剧艺术文化信息以及提供引导服务。

3.1.3 基于"适应"角度的译介三原则

粤剧相关信息和资料的翻译目的是帮助海外受众了解我国传统戏剧文化及其所传递的"中国故事"，通过粤剧文化精粹传播"中国声音"。为了使粤剧文化得到有效的传播和推广，译者需要适应海外受众的语言表达和文化价值，遵循语言、文化和交际译介三原则，对原文、源语、源文化和译文、目标语、目标语文化之间进行适应性的分析、选择和操纵，从而实现有效的文化传播与交流。

3.1.3.1 语言译介原则

汉语和英语在表达上存在着巨大的差异，主要表现在类型、结构和表达差异这三个方面[①]。因此，在进行翻译时，必须充分考虑汉英语言之间的不

---

① 杨寿康，杨莹. 汉译英方法与佳作示范［M］. 长沙：中南大学出版社，2016.

同点。

（1）语言类型差异

汉语属于话题说明型语言，注重语言表达的情景及上下文之间信息传递的连贯性。尽管汉语中的句子结构松散，部分甚至缺乏主语，但交际者结合上下文间的场景、情景，就可以完成信息的传递。英语属于综合型语言，主要通过英语单词本身的形态变化（如人称的主格、宾格、所有格、复数、时态等）来表达语法和意义，交际者需要仔细分析句型结构获取准确的信息表达。

（2）语言结构差异

在句子结构方面，汉语的句子结构相对松散，常用主语、宾语构成不同的短句组合成意群，而意群就如一棵竹子树，由一节节竹竿叠加而成，因而汉语属于"竹节型"结构。英语则强调句子结构的完整性和清晰度，遵循严谨的语法规则，注重语言的功能性，常见主语和谓语动词构成核心意群，如果需要继续补充相关信息，可以使用动词的不定式、动名词、分词等多种非谓语动词形式或者各种从句表达。英语属于"树干型"结构，含有谓语动词的主句为句子的"树干"，其他从句或非谓语动词的短语均为"大树"主干的分支，从而构成完整的句子和意群表达。

（3）语言表达差异

在语义表达方面，汉语倾向于依赖字、词在句子中的排列顺序和所扮演的角色来传达意义，通过灵活的句子组合，表达丰富多样的意思。此外，汉语的表达方式通常更加含蓄和隐晦，读者需要借助上下文中的语境和"意合"来理解整个句群所要传达的含义。英语更注重简洁明了的表达方式，具有欧语系列的典型"法治"特征，强调句子中每个字、词的权利与义务，遵守语法的表达规则。例如，句子中的主语需要跟谓语动词的时态、语态对应，符合语法规则，才能表达完整的意思。

3.1.3.2 文化译介原则

由于中西方民众的思想价值观存在差异，两者在文化层面上也存在着本质上的不同。在粤剧文化中，由于历史、地理、习俗等方面的差异，存在一些具有我国特定文化背景的元素，这些元素对于外国受众来说可能难以理解。在中西方文化中，由于文化背景不同，即使存在一些相同的事物，但其所代表的意思或意义却不尽相同。因此，在向海外受众介绍我国粤剧文化时，不能简单生硬地对粤剧文化内容进行直译，而是需要了解海外受众背后的文化，尊重中西方文化差异，采用灵活的翻译策略，实现受众在中西方文化上的交流和理解。

3.1.3.3 交际译介原则

粤剧文化的译介目的在于与海外受众进行跨文化交流，因此，只有基于西方受众的思维和表达方式进行合理的粤剧相关文本英译，帮助海外受众理解粤剧文化，才能达到交际目的。西方人习惯于使用逻辑思维，在思想表达上注重事实和逻辑，倾向于采用直接、坦率的方式，表达自己的想法和情感，开门见山，直陈观点。这与中国人常见的含蓄、委婉的思维和情感表达方式不太一样，因此，在进行粤剧相关文本英译时，需要注意中西方在语言运用和文化上的不同，根据译入语表达方式上的不同进行适应性分析与转换，以免导致交际中的失误。

3.1.4 基于"应用"角度的译介三原则

应用翻译自20世纪90年代起在商务翻译、新闻翻译、旅游翻译等领域占据了一席之地；公示语翻译逐渐成为应用翻译的研究和实践热点之一。粤剧文本资料的英译既属于文学翻译的范畴，又属于公示语翻译的领域。因此，在进行粤剧文化译介研究时，可以遵循"应用"角度的译介三原则，让表达更加流畅、通顺、措辞优美，更具吸引力。方梦之教授于2008年提出，应用翻译应该遵循"达旨、循规、共喻"三原则。达旨，即达到目的，传达要旨；循规，即遵循译入语规范；共喻，就是使读者畅晓明白。"达旨"是目的，"循规"是纲要，"共喻"是手段，三位一体，相辅相成，各有侧重，互为因果。①

3.1.4.1 达旨译介原则

粤剧文化译介的首要任务是尊重并传递原文的意思和主旨，精准传达粤剧文化的精神内涵与发展脉络，以帮助海外受众更好地理解和感受粤剧文化的独特魅力。在翻译过程中，译者应遵循达旨原则，灵活运用各种译介策略对粤剧文本资料进行适当的解读和处理，确保海外受众能准确接收原文的意思，才能实现粤剧文化译介的使命——推广和传承粤剧文化，促进中外文化的交流与互鉴。

3.1.4.2 循规译介原则

在粤剧译介过程中，在尊重原文的本意和主旨的基础上，译者需要遵循海外受众的语言表达规范，以提升译文的准确性和流畅性。考虑到粤剧文化译介

---

① 方梦之. 达旨·循规·共喻——应用翻译三原则（序言）［M］//程尽能, 吕和法. 旅游翻译理论与实务. 北京：清华大学出版社, 2008.

的主要读者是海外受众，译者需避免受中文母语负迁移的影响，确保语法规范、语言表达合理且遵循文化原则。因此，译者需要尊重海外受众的思维模式、文化背景等，遵循译入语的语言表达方式，提高译文的可读性，更好地向外国受众传递粤剧文化的精神和魅力。

3.1.4.3 共喻译介原则

为了确保原文信息的准确传递，译者应当遵循译入语规范进行翻译。要实现译介"共喻"，即让原文作者、原文读者、原文译者、译文读者四者所获得的粤剧文化信息一致以及所理解的粤剧文化相同，这就需要译者准确把握原文作者的目的，以原文读者的身份完全接收和正确理解原文所表达的意思，并根据译入语的语言规范、文化范式、思维习惯等进行合理翻译，以确保译文读者能接收到与原文读者相同的信息，才能达到"共喻"的境界、满足"达旨"的目的。

3.1.5 基于粤剧译介原则的翻译例子探讨

在粤剧艺术博物馆中关于粤剧"声韵声腔"的简单介绍，属于信息型文本，提供了英语译文，供海外参观者了解粤剧的声韵和唱腔的形成与广府方言的关系。以下为例：

原文：

声韵声腔

地方戏曲的音乐唱腔，与地方语言有最直接的关系。早期粤剧受外江班影响，唱念均用戏棚官话（桂林官话，即中州韵），后来才逐渐采用粤语（广州话，谓之白话）。粤语是一种特有的方言声韵，与北方语言（含普通话）的声韵差异很大。粤语分韵多达五十余个，声调分九声（阴平、阳平、上上、下上、上去、下去、上入、中入、下入），而普通话的声调则只分四声（阴平、阳平、上声、去声）。粤剧的唱念，必须按照广州话特有的声韵进行写唱，才能字正腔圆，清晰悦耳。

译文：

Rhyme and Operatic Tune

The music tunes of local operas have the most direct relationship with local languages. The early Cantonese Opera was influenced by the opera troupes from outside that the singing and reciting was in opera's official language (Guilin official language i.e. Zhongzhou rhyme), then gradually adopted Cantonese(Cantonese, known as vernacular). Cantonese has a distinctive dialect rhyme and it has huge differences from northern Chinese rhymes (including Mandarin). Cantonese dialect has over fifty rhymes and nine different tunes (**dark flat, light rising, dark rising, dark departing, light rising, light departing, upper dark entering, lower dark entering and light entering**), and there are only four tunes in Mandarin (**dark flat, light rising, dark rising and dark departing**). In order to make the Cantonese Opera songs sound enunciate, crisp and clear, writing the script of singing and reciting must follow specific phonological Cantonese.

　　上述原文对粤剧声韵唱腔的介绍目的可以总结为：第一，帮助海外参观者了解粤剧的独特声韵唱腔直接受到广州白话的影响。第二，告知海外参观者广州白话的声韵特点（存在50多个分韵和9个声调）及与北方语言存在较大差异（只有4个声调）。第三，让海外参观者明白使用广州话唱念粤剧的必要性。由于海外参观者既不懂广州话也不懂普通话，至于广州话的9个声调与普通话的4个声调具体存在哪些不同，对于海外参观者来说意义不大，因此，笔者认为该部分内容的英译不必过分拘泥于原文，一一对应地把具体的声调翻译出来，反而应把声调介绍的相关译文删减，即删除"(dark flat, light rising, dark rising, dark departing, light rising, light departing, upper dark entering, lower dark entering and light entering)"以及"(dark flat, light rising, dark rising and dark departing)"，更显译文的简洁明了。

3.2　粤剧译介的标准

3.2.1　粤剧译介标准

　　标准是对重复性事物和概念所做的统一规定，它以科学技术和实践经验的结合成果为基础，经有关方面协商一致，由主管机构批准，以特定形式发布作为共同遵守的准则和依据。根据标准的基本定义，翻译领域难以确定统一的翻译标准。首先，翻译界对衡量翻译质量的准绳并没有形成"协商一致"的说法或结论，特别在文学翻译领域，相同的文学文本可以有不同的翻译版本，难以达成标准化、系统化的准则。然而，基于翻译的跨语言、跨文化交流沟通的性质，学者们认为好的翻译起码需要达到两个基本标准：忠实和通顺。忠实，是指译者准确传达原文的意思，使译文受众所获得的信息与原文受众从原文中得到的信息基本一致；通顺，是指译文符合译入语的语法和语言习惯，语言表达清晰、流畅，使译文受众能够轻松理解原文的意思。对于翻译标准，学者们的研究和观点百花齐放、百家争鸣，笔者基于相关翻译理论研究，结合粤剧文化译介的原则，选取了部分翻译标准进行介绍。

3.2.1.1 "看易写"翻译标准

林克难教授在第一届全国应用翻译研讨会上,提出了"看易写"的翻译准则。"看"即阅读、熟悉在相同环境中英语母语者是如何表达的。译者可以通过大量阅读原文所对应的应用英语真实材料,使自己的译文与英语母语国家对应的应用英语材料的语言表达风格及水平"看"齐。"易",即翻译时舍弃"逐字照搬"式的做法,而是模仿地道的英语表达方式,恰当地把原文中想表达的内容表达出来,使译文更加符合英语母语者的阅读习惯。"写",主要指根据翻译发起人的意图,直接用英语写作(林克难、籍明文,2003)[①]。但是,杨清平(2007)却认为"看易写"仅仅是翻译方法而不是标准,因为无法评价译文是否达到了"看""易"或"写",而且"看"不属于翻译阶段,"写"更加倾向于写作而非翻译。[②] 林克难(2009)后续就其"看易写"翻译标准的争议,进一步强调应该结合两个部分来理解和分析某个翻译标准能否成立。以翻译理论为例,表述通常由两个部分组成:第一部分常见为警句格言式的导语,比如以"信达雅、动态对等、等效翻译"等作为翻译标准,容易被记忆和传播;但更重要的是,还需要深入理解导语所对应的第二部分——关于该翻译理论的详尽的说明、阐述、释义,即翻译方法或者原则[③],才能判断该翻译理论或翻译标准是否成立,因为导语和阐述这两部分本属于一个整体中的两个有机组成部分,缺了任何一部分都是不完整的。笔者认为,从翻译标准来看,林克难的"看易写"给译者提出了一定的标准:"看"是指译文是否与译入语国家相应的文体表达方式"看"齐;"易"是指译文有否贴近译入语的地道表达传递原文内容;"写"是指译者是否采用灵活的编译和译写方式等达到原文的交际意图。

3.2.1.2 等效翻译标准

美国著名的语言学家、翻译理论家尤金·A. 奈达(Eugene A. Nida)在其著作《翻译的科学探索》中提出了形式对等(formal equivalence)和动态对等(dynamic equivalence)这两个概念。形式对等强调"原文本身的形式和内容。译文应与原文中的不同成分尽可能地保持一致"(Nida,1964)。[④] 采用

[①] 林克难,籍明文. 应用英语翻译呼唤理论指导[J]. 上海科技翻译,2003(3):10-12.
[②] 杨清平. 应用翻译的规律与原则应当如何表述——评林克难教授"看易写"原则[J]. 上海翻译,2007(3):9-12.
[③] 林克难. 试论翻译理论的成分构成——从"看易写"定性之争谈起[J]. 上海翻译,2009(4):22-25.
[④] Nida E A. Toward a Science of Translating [M]. Leiden: E.J.Brill, 1964: 159.

形式对等标准的译文需要与原文在词语、词形、句法等方面尽可能地一一对应。但基于汉语和英语在词汇、句法、篇章的语言表达逻辑上的不同以及文化上的差异，如果要实现形式对等，原文信息传递功能的有效性必然难以保证，无法达到等效翻译的效果。动态对等标准的重点不在于形式是否一致，而在于翻译功能是否实现：译文是否重现原文信息内容、是否反映原文结构的功能，以及译文之于译文读者和原文之于原文读者在信息传递效果上是否达到对等。

粤剧文化兼具地方文化特色和我国传统文化特色，在英语中不一定能够找到全部对应的词汇表达，形式对等难以实现。因此，在粤剧译介的评价中，倾向于采用动态对等的标准来衡量译文质量，以译文受众的反应和接受程度为出发点，充分考虑粤剧信息译文所处的语境。通过动态对等既准确传达原文的信息和真实意图，又贴合译入语的语言规范和文化标准，从而被广大海外受众理解和接受，实现粤剧文化翻译传播的目的。

3.2.1.3 交际效果标准

翻译作为一种跨语言、跨文化的沟通交流方式，其重点在于保证译文清晰明了、通顺自然的交际效果。不同的文本类型，其交际功能各有侧重点。英国翻译学家彼得·纽马克（Peter Newmark）认为，译者需要根据文本的不同功能类型，灵活采用不同的翻译方法，保证交际效果。例如，信息型文本的功能重点在于信息的准确传递而非语言形式的对应表达；呼唤型文本的功能重点在于感染和号召受众采取某个行动。译者基于目标受众的语言风格和表达习惯，对原文的字、词、句、段以及整个语篇均可进行适当的语言表达方式的调整，使之符合译入语的语言规范表达，保证译文的交际效果。

张美芳（2005）对文本类型的划分及其功能侧重点进行了相关研究，把旅游手册归属于兼具信息型、表情型和感染型这三种功能性质的多功能文本类型[①]，认为针对旅游手册类型文本的翻译方法更加灵活。粤剧文化景点中的粤剧资料和文化介绍均属于旅游手册类型的文本，因此，无法使用单一的译文质量评价标准来评定，而是需要综合地从四个方面来衡量译文有否保证交际效果，包括语法表达的正确性、语言表达的得体性、语意传递的可接受性以及交际功能的达成性。粤剧文化含有我国传统文化典故及文化专有项，粤剧翻译需要以保证交际效果为先，通过恰当的语言表达形式和灵活的翻译方法，为译文受众排除语言和文化理解的障碍，提升粤剧译文的可读性和可接受性。

---

① 张美芳. 翻译研究的功能途径 [M]. 上海：上海外语教育出版社，2005.

3.2.2 基于粤剧译介标准的翻译例子探讨

在粤剧发展史上，薛觉先和马师曾两位大师都是不可或缺的改革派人物，他们引导粤剧行业不断进行改革发展。薛觉先有着"粤剧伶王""万能老倌""万能泰斗"的美誉，可见其在粤剧界的重要地位。马师曾擅长丑角表演，对丑角的表演艺术做了特别研究，创作出风格独特的"乞儿腔"，让粤剧观众耳目一新。薛觉先和马师曾两位大师，年龄相仿，均有海外粤剧演出经历，相互竞争又惺惺相惜。他们二位乐于接受新技术和新事物，锐意进取，致力于粤剧改革，摒弃陋规，在粤剧界不断推陈出新，排演舞台新剧、拍摄粤剧电影。"薛马争雄"引领粤剧在20世纪30年代掀起发展小高潮。对此，在粤剧艺术博物馆也有相关的中英双语介绍，对比原文和译文，译文基本能够遵循翻译的交际效果标准，清晰地传递了原文的意思；特别是在英译时对原文末尾马师曾给薛觉先的挽联进行了省略，保证了交际效果。

原文：30年代（20世纪），薛觉先的觉先声剧团与马师曾的太平剧团在广州、香港两地展开了激烈的艺术竞争。他们对粤剧的编、导、演、音、美各方面进行全面改革，吸取了现代戏剧和电影元素，引进西洋乐器，促进粤剧发展。各自推出首本名剧《胡不归》《苦凤莺怜》等，轰动一时，在粤剧史上称为"薛马争雄"。两位巨匠虽然竞争激烈，却又友情甚笃。1956年，马师曾还在薛觉先追悼会上致悼词，并撰挽联道："当年角逐艺坛，犹忆促膝谈心，笑旁人称瑜亮；今日栽培学业，独怀并肩同事，悲后辈失萧曹。"

译文：In the 1930s, Xue Juexian's Juexiansheng Troupe and Ma Shizeng's **Peace Troupe** started an intensive competition in art in Guangzhou and Hong Kong. They reformed completely the Cantonese Operas in screenplay, directing, acting, music and aesthetics by absorbing elements of the modern theater and film and the introduction of Western musical instruments to promote the development of Cantonese Opera. They launched their **first famous drama** *Time to Go Home* and *Bitter Phoenix, Sorrowful Oriole* respectively, and created a big hit at the time. It was named as "Xue Ma Zheng Xiong" (Xue and Ma competing for the best) in the Cantonese Opera history. Although the two masters competed with each other, they established a profound friendship. In 1956, in the memorial service of Xue Juexian, Ma Shizeng delivered the memorial speech and wrote his elegiac couplets.

在原文中，马师曾的挽联运用了三国时期周瑜和诸葛亮之间的互相竞争又相互欣赏的关系比喻薛觉先和马师曾之间的微妙关系，我国受众一看就能心领神会。但是，如果在译文中把挽联翻译到位的话，难度非常高。挽联中既含有文化专有项又需要考虑对联的工整、对仗和韵律，追求形式对等必然导致译文的质量不佳，将对外国受众造成理解困难。因此，以译文需要达成的交际效果标准来看，不译反而是上策。同时，"太平剧团"和"首本名剧"的译文也应该采用"动态对等"标准来衡量质量。"太平剧团"与"觉先声剧团"均为剧团的名称，因此，笔者认为其英译应该跟"觉先声剧团"英译一样，采用音译方式，译为"Taiping Troupe"，保持风格的一致。"首本名剧"的意思是"粤剧艺人自己最擅长的粤剧代表作"，通常也是最受欢迎的粤剧，其意非"第一个著名的剧作"，因此，笔者认为"首本名剧"的英译应该改为"most famous opera"。

3.3　粤剧译介的策略

方梦之（2013）教授把应用翻译理论研究分为三层，包括宏观理论、中观理论和微观理论。① 其中，宏观理论作为核心翻译原理，处于翻译分层体系的上层建筑，主要包括翻译研究的本体论、价值观、方法论、认识论以及范畴体系。宏观理论指导中观理论研究的开展，译者根据翻译理论决定翻译模式、构建翻译框架、制定翻译方案、选择翻译策略，中观理论是宏观理论走向翻译实践的关键一步。同时，中观理论与微观理论相辅相成，微观理论中的翻译方法与技巧是翻译策略具体落地的体现，形成"翻译理论—翻译策略—翻译方法"的翻译进程。翻译策略处于承上启下的位置，具有衔接性、实践性、开放性这三个特点，既服务翻译目的、服从翻译理论，又指引翻译方法的选用。

粤剧译介根据不同的侧重点具有不同的特性：作为外宣翻译，需要传播我国传统戏剧文化；作为应用翻译，需要通过翻译与海外受众进行粤剧文化传播交流；作为文本翻译，需要根据粤剧文本的不同类型达到信息传递或呼唤功能。资料信息的传递、文化内涵的传播、交际目的的实现都离不开翻译策略的选择。选择适当的翻译策略有助于讲好粤剧文化故事以及帮助海外受众理解、传播我国粤剧文化。

3.3.1　粤剧译介策略

3.3.1.1　交际翻译策略与语义翻译策略

著名的英国翻译理论家彼得·纽马克（Peter Newmark）在其著作《翻译问题探讨》（*Approaches to Translation*）中提出了交际翻译（communicative

---

① 方梦之. 应用翻译研究：原理、策略与技巧［M］. 上海：上海外语教育出版社，2013：85.

translation）和语义翻译（semantic translation）这两个概念，侧重服务于不同文本类型的翻译，以便更好地指导翻译研究。[①]交际翻译和语义翻译可以作为翻译策略应用于粤剧译介研究。

交际翻译策略的核心目标在于确保译文受众能够全面接收并理解原文所蕴含的信息与功能，从而使译文与受众之间建立有效的沟通桥梁，实现翻译的交际目的。这一策略具备三大特点：其一，以译入语受众的需求为导向，致力于消除译文阅读过程中的障碍，提升读者的阅读体验；其二，以原文功能为基础，力求使译文传递的信息在译入语读者中产生的效果与在源语读者中产生的效果相同，以达成交际意图；其三，紧密结合译入语的语言表达和文化习俗，确保传递的信息在内容和形式上均能为译入语受众所接受。根据交际翻译策略，粤剧的译介应着重突出译文的信息传递和呼唤功能。译者在处理粤剧文化译文时，无需过分拘泥于原文的字词选择和句式结构，而应灵活运用多种翻译方法，以符合译语读者语言习惯和文化背景的方式进行表达，从而确保译文在读者中产生的效果与原文尽可能一致。

语义翻译策略以原文作者为中心，重点在于充分且精准地传送作者的原始意图，而且符合译语的语言结构和语意，准确地再现作者在原文中所表达的意思。因此，当采用语义翻译策略时，应优先考量作者的原意是否得到了准确传达，以利于译语读者理解原文的整体意义，同时也要力求保持原文的词法和语法特色，这样，在传递内容信息、传达作者原意、展现语言形式、传播文化价值上可以更接近原文。语义翻译和交际翻译不是相互对立，而是各有侧重。鉴于粤剧资料中有着大量传统戏剧文化色彩的内容和文化专有项，译者可以根据翻译目的，基于原文的情况，把交际翻译和语义翻译合理结合使用，为粤剧译介服务。

3.3.1.2　归化翻译策略与异化翻译策略

美国著名的翻译理论学家劳伦斯·韦努蒂（Lawrence Venuti）于1995年在其著作《译者的隐身》（*The Translator's Invisibility*）中提出了"归化"和"异化"这一对翻译策略。总体而言，归化翻译策略以译入语文化为中心，译者应遵循译入语的语言风格、表达方式和文化习惯，使译文流畅自然得仿佛是一份用译语撰写的原作，使读者难以察觉译者的存在；异化翻译策略则以源语文化为中心，着重保留原作中的异国情调，以实现文化交流的目的。在采用异化翻译策略的译介作品中，尽管译文的语言表达可能对译文读者来说不够流

[①] Newmark P. Approaches to Translation [M]. Oxford: Pergamon Press, 1981.

畅，甚至包含难以理解的文化信息，译者依然会尽量保留原文中的文化元素和语言表达风格，将读者引入源语的文化环境，使译入语受众能够感受到原作中的异国文化，提供一种独特的文化体验。归化翻译和异化翻译看似是对立的翻译策略，但实际上两者相互补充，两者结合使用更能发挥译介的作用。

对于粤剧译介而言，其核心在于借助相对轻松愉快的娱乐形式，促进译入语观众对粤剧文化的认知与传播。为实现这一目标，译者需灵活运用异化翻译与归化翻译这两种策略，充分发挥它们的互补优势。在语言层面，译者应采用符合译入语表达习惯的归化语言，以消除译入语受众的语言理解障碍；在文化层面，译者应倾向于采用异化翻译策略，对可异化的内容尽量进行异化翻译，让译入语受众能够亲身体验粤剧的传统文化魅力；在传播层面，译者应选择归化翻译策略，为译入语读者构建一个轻松自然的认知环境，提供流畅的语言阅读体验，进而实现跨文化交际的目标，推动岭南地区戏剧文化在国际舞台上的广泛传播。

3.3.1.3　显性翻译策略与隐性翻译策略

德国翻译理论学家朱莉安·豪斯（Juliane House）在其著作《翻译质量评估模式》中阐述了体裁（Genre）、语场（Field）、语式（Mode）与语旨（Tenor）之间的关系，以及根据原文与译文在此四个方面是否存在对等来评估译文的质量好坏。① 豪斯基于源语文本的功能是否在译入语文本中得到保留，提出了显性翻译策略与隐性翻译策略。显性翻译主要应用于与源语文化紧密相关的资料翻译，旨在尽可能地保留原文中的文化价值，并将译入语读者引入原文的文化语境中。阅读采用显性翻译策略所生成的作品，译入语读者可以清楚地感受该资料是一份"翻译作品"。

隐性翻译的主要服务对象是译入语读者。在翻译过程中，译者可以采用"文化过滤"的方式对源语中独有的但对译入语读者来说难以理解的文化信息进行筛选和过滤。通过这一方式，译者能够帮助译入语读者消除文化障碍，确保译文在交际功能上得到有效实现。格特（Gutt, 2004）认为，对于类似景点旅游介绍的应用文体，原文跟源语独有的文化联系不紧密，翻译时可以不必拘泥于原文，而是采用隐性翻译策略，让读者在阅读译文时就如阅读其国家的"原作"一样，使原文与译文的功能完全对等，取得交际上的成功。②

粤剧的译介工作，既是中英双语的语言转换，也是岭南戏剧文化的对外传播。在显性翻译与隐性翻译的策略采用上不是非此即彼，而是可以相互结合，

---

① House J. Translation Quality Assessment：A Model Revisited [M]．Tübingen：Gunter Narr, 1997.
② Gutt E-A. Translation and Relevance：Cognition and Context [M]．Oxford：Blackwell Publishing, 1991.

共同发挥作用。在译文的语言表达上尽量把原文的语言表达"隐藏"起来，换成译入语的表达方式，让外国受众阅读起来更加流畅；在粤剧特有的戏剧文化元素展现上，可以选用显性翻译策略直接译出，让外国受众明显地感受到粤剧的独特魅力和文化内涵。

3.3.2 基于粤剧译介策略的翻译例子探讨

粤剧演出离不开粤曲乐队的伴奏；粤曲的音乐风格鲜明，旋律流畅、节奏轻快，具有南国情调；演奏粤曲的乐器也极具岭南特色，主要包括弦乐器、吹奏乐器和打击乐器三大类。粤剧艺术博物馆中有关于粤剧的乐器乐队的介绍。

原文：

乐器乐队

粤剧乐器分管弦(俗称吹口、弓口、拨口)和打击(板、鼓、锣、镲)两大部分。早期使用的乐器较简单，乐队只有"五架头"——二弦兼唢呐、月琴兼横箫、掌板、大锣(高边锣、大文锣、单打)及大钹。后逐渐发展，加入"吹口"的喉管(长筒、短筒)、洞箫等；"弓口"的高胡、二胡、竹提琴、中胡、椰胡、低胡等；"拨口"的琵琶、三弦、扬琴、筝、阮等。击乐也引进了京锣鼓甚至川剧锣鼓。20世纪二三十年代，受外来文化影响，又引进了西洋乐器，如小提琴、大提琴、萨克斯风、吉他、爵士鼓等。20世纪末，还出现了钢琴伴奏、交响乐伴奏的新尝试。

译文：

Musical instruments and band

Musical instruments in Cantonese Opera are divided into two types: **melodic (also called chuikou, gongkou, tankou) and percussive (plates, drums, gongs, cymbals)**. Musical instruments in early stages were very simple, a bank only had "**wu jia tou**", erxian and suona, banjo and transverse flute, volar plate, gong (**high-side gong, da wen gong, singles**) and cymbal. Later, through development, "**Chuikou**" houguan (**changtong, duantong**) and dongxiao were included; "**Gongkou**" gaohu, erhu, zhutiqin, zhonghu, yehu, dihu and so on; "**Bokou**" pipa, Sanxian, dulcimer, zither, Nguyen and so on; percussion music also brought in **jingluogu** and even luogu in **Chuan opera**. In the 1920s and 1930s, under the influence of foreign culture, Western instruments were brought in. For example, violin, cello, saxophone, guitar, drum set and so on. At the end of the 20th century, even piano accompaniment and symphony accompaniment were also born.

在此介绍中，含有很多我国传统戏曲才使用的中式乐器，大部分在其他国家或音乐文化上都没有对应的乐器；而且，大部分乐器的分类和具体的名称都是我国独有的，采用了显性翻译策略把所有乐器名称以音译的形式展现，对于外国受众是陌生的。笔者建议综合使用交际和语义翻译、显性和隐性翻译的策略进行翻译。这部分的介绍内容主要如下：一是粤剧常用的演奏乐器种类；二是演奏乐器的使用跟粤剧一样具有不断吸收改进的特点，采用了部分其他剧种的乐器和西方乐器。因此，针对这些主干信息，译者需要交代清楚。笔者赞同译者对于粤剧乐器两大类别的显性翻译"melodic（also called chuikou, gongkou, tankou）and percussive (plates, drums, gongs, cymbals)"。然而，对于一些具体的乐器，选取几种外国受众相对了解的作为代表性乐器介绍即可。笔者认为，原文中提到的粤剧乐队只有"五架头"的核心意思是，粤剧演奏通常使用5种主要类型的乐器，建议译文在"wujiatou"后加上注释"（five major instruments）"，然后加上5种乐器的翻译即可，无需再进一步对5种乐器进行解释。因此，大锣"gong"后面的3种类型的大锣译文"(high-side gong, dawen gong, singles)"可以省略。同理，喉管译文"houguan"后细分类别译文"（changtong, duantong）"可以省略。但是，译文中关于粤剧乐器的后续发展情况的信息传递不清晰，笔者建议：一是"吹口""弓口""拨口"的译文需要加上"style"，因为这三种均为乐器不同的演奏弹拨方式，跟后续列举的具体乐器属于包含关系，译文建议改为"'Chuikou' style instruments, houguan and dongxiao were included；'Gongkou' style instruments, including gaohu, erhu, zhutiqin, zhonghu, yehu, dihu and so on；'Bokou' style instruments, such as pipa, sanxian, dulcimer, zither, Nguyen and so on"。二是关于粤剧引进了京剧和川剧的锣鼓演奏内容的译文也不够清楚，译文中的"jingluogu"和"luogu in Chuan opera"有待商榷。笔者认为相应部分的译文"jingluogu and even luogu in Chuan opera"应该改为"different drums and gongs used in Peking Opera and Sichuan opera"。

3.4　粤剧译介的方法

根据方梦之教授（2013）的应用翻译理论研究层次论，微观理论主要研究翻译方法或翻译技巧，受宏观理论制约，由中观理论的翻译策略决定[①]。尽管翻译方法与翻译策略在翻译实践中存在密切的内在联系，起着不可或缺的作用，但学者们尚未对两者进行明确区分，反而常常将这两个概念混淆并交替使用。不同学者对于同一翻译实践可能持有不同的观点：有的学者可能将

---

① 方梦之. 应用翻译研究：原理、策略与技巧［M］. 上海：上海外语教育出版社，2013：85.

其视为一种"策略",强调其在整个翻译过程中的指导规划作用;而一些学者则可能将其视为一种"方法",注重其在具体翻译实践中的操作性和技术性;有些学者甚至在同一描述中同时使用"策略"和"方法"来指代同一种翻译技巧或实践。例如,苏珊·巴斯奈特(Susan Bassnett)在总结安德烈·勒菲佛尔(Andre Lefevere)的译诗观点时同时使用了"methods"(方法)和"strategy"(策略)二词;而安德烈·勒菲佛尔译诗中的七种"策略"在我国传统译论中被称为"方法"[①]。

粤剧译介跨越多个领域且角色多元,是向国外受众传递粤剧文化及其相关风俗习惯等信息和知识的途径。译者在处理粤剧文本资料翻译时,可灵活运用中观理论框架下的异化翻译策略,具体可采用微观层面的音译或直译等翻译方法。同时,为有效地传播我国传统戏剧文化,译者也可以适度采纳中观理论框架下的归化翻译策略,通过增译、减译、编译、改译等方法对译文进行灵活处理。这些方法的运用将有助于确保粤剧译介的准确性和文化传播的有效性。

3.4.1 粤剧译介方法

3.4.1.1 直译与意译

直译是一种在保留原文内容和形式的同时,尽可能保持原文的句子顺序、词汇和表达方式的翻译方法。这种方法能够较为完整地传达原文的文化背景和语言特色。直译的显著特点有三:其一,它以句子为单位进行翻译,保持原文的句子数量和结构,不随意进行拆分或合并,确保每个句子在译文中都有一一对应的翻译;其二,在词汇层面,直译倾向于与原文词汇保持一致,避免使用转义手法,以防译文的表达有偏差而产生歧义,误导读者;其三,在保持句子数量和顺序不变的前提下,直译允许在句子内部和句子成分间进行适当的次序调整,以确保译文的流畅性。[②] 综上所述,直译作为一种翻译方法,能够全面保留原文的形式和内容,使读者更加准确地理解原文的真实含义和文化内涵。在粤剧的译介过程中,对于粤剧的发展历程、概况介绍等客观信息,直译能准确传达事件的时间、地点、人物和经过等基本情况。

意译与直译形成鲜明对比。意译忽略译文与原文在语言构造和文字表述上的完全对应,侧重于通过灵活且合理的文字调整,运用与原文相近或类似的表达手法,精准地传达原文的信息和深层含义。需要明确指出的是,意译的目标旨在确保原文内容的准确传达,而并非刻意改变译文的呈现形式。在翻译实践

---

① 方梦之. 应用翻译研究:原理、策略与技巧[M]. 上海:上海外语教育出版社,2013:100.
② 同①,114.

中，译者必须保持对原文语义和语境的尊重与维护，同时结合译入语的特点及其文化背景进行适当的调整，使译文在表达形式上更加贴近原文，同时保留原文的核心思想和风格。

3.4.1.2 增译与减译

增译，即在翻译过程中，根据原文的语义和语境，在译文中增添必要的词汇、短语或句子，使译文更加完整、流畅、易于理解。部分增译源于汉英语法规则的差异，旨在适应英语的语法规则和表达习惯。增译不仅是对词语或句子的简单添加和扩充，更是针对原文中特有的文化信息，在保持原文意思的基础上进行适当的补充和解释，"以免由于原文存在的文化缺省导致相关信息在译语文化中出现空缺，从而导致译文读者难以理解原文的信息。"针对岭南传统戏剧文化中存在的专有名词或缩略词，译者需采用增译方法，对原文中的文化缺省部分进行补充解释，包括释典、释古、释专、释义、释疑[1]，为外国受众提供必要的背景知识或具体含义，从而帮助他们更好地理解我国的传统戏剧文化，满足粤剧译介的需求。

减译是一种重要的翻译方法，它深刻体现了"少即是多"的翻译理念，通过精简原文的内容确保译文受众对原文含义的精准理解。在语言表达上，汉语倾向于使用意合方式，句子结构相对松散，上下文常常以隐性方式产生联系。相比之下，英语注重逻辑清晰和表达简洁，旨在高效传递信息。在内容表达上，汉语常常通过重复相同内容以加强表达效果，或引用名言、诗词、典故等文化元素来增强内容的感染力。若一一翻译粤剧中的典故、诗词等中国文化元素，将显著增加译文的篇幅。而且，对于不熟悉中国文学文化的外国受众来说，过多的文化解释可能会分散其注意力，不利于其对主要信息的接收和理解。因此，在翻译过程中，译者可以灵活采用减译策略，对重复表达的、非核心的内容以及过度渲染的部分进行适度删减，从而突出主要信息。然而，在删减内容时，译者必须保持审慎，要确保原文的核心内容得到完整保留。

3.4.1.3 编译与改写

编译和改写是两种重要的翻译策略，旨在提升译文的可读性和吸引力，使国外受众更容易理解。编译主要指通过对原文进行深入的解析、分类、筛选、提炼、重构和整合，以新的方式在译文中对原文信息进行"编码"和"解码"，使其更符合译入语的文化背景、语法规则和表达习惯[2]。在编译过程

---

[1] 朱义华. 外宣翻译研究体系建构探索——基于哲学视野的反思[D]. 上海：上海外国语大学，2013.
[2] 卢彩虹. 传播视角下的外宣翻译研究[M]. 杭州：浙江工商大学出版社，2016：224.

中，译者需要把汉语中常见的松散结构和以意合为主的短句转化为结构清晰、逻辑明确的英语词句，既保持原文的含义，又确保信息的有效传达，提升译文的可读性和信息传递效率。

改写则是在保持原文基本内容的基础上，通过增加新信息或完善原文，使译文更易于理解。安德烈·勒菲佛尔的改写理论认为，改写必须遵循译入语的文化意识形态，同时受到译入语文化规范的制约，以某种方式对源语文本进行重新解释、改变或操控。在粤剧文本的翻译中，译者需要在保留源语文化意识形态的同时，不完全遵循译入语的文化规范，而是将需要补充解释的内容巧妙地融入译文中，以便更好地帮助译文读者理解和接受改写的译文。

通过编译和改写，译者可以将粤剧原文的内容和信息以更符合外国受众阅读习惯和理解需求的方式呈现，避免译文出现冗长、重复或晦涩难懂的问题，从而更有效地帮助国外受众理解和接受粤剧文化。

3.4.1.4 其他方法

由于不同语言之间存在表达差异，必然存在部分内容不可译的情况，因此，邱懋如教授（2001）提出"零翻译"方法，通过"源语中的词语故意不译"（即克服语言差异的省译）以及"不用目的语中现成的词语翻译源文的词语"（即采用音译或移译），从而满足可译性原则①。在此基础上，部分学者倾向于把音译方法从零翻译方法中分离出来（李丹、李绍明，2015②；陈卫斌，2017③），保留移译方法。在跨文化交流的背景下，由于语言和文化之间的相互影响，各国语言中普遍存在着一定数量的外来词或借入词，李丹（2019）认为，在当前多模态时代，"零翻译"就是把源文进行"原形移译"，也就是将源语中的内容和用词原封不动地移入译语完整翻译④。零翻译方法适用于那些需要直接照搬原文的移译情形；而音译方法则侧重于依据原文的发音来进行翻译，因此应与零翻译方法区分开来。

音译常应用于原文中出现人名、地名，以及译入语中没有源语内容所对应的表达的情况。例如，粤剧中的十大行当"一末、二净、三生、四旦、五丑、六外、七小、八贴、九夫、十杂"是汉语独有的说法，英语中不存在相应的内容，因此，采用音译方法翻译而成的译文为"1st Mo、2nd Jing、3rd Sheng、4th Dan、5th Chou、6th Wai、7th Xiao、8th Tie、9th Fu、10th Za"。但是，如

---

① 邱懋如. 可译性及零翻译［J］. 中国翻译，2001（1）：24-27.
② 李丹，李绍明. 零翻译历时与共时的社会学考察［J］. 中国科技翻译，2015（2）：38-41.
③ 陈卫斌. P2P不当音译引发的辨析与音译禁忌思考［J］. 上海翻译，2017（4）：56-61.
④ 李丹. 零翻译可安身于移译——兼与彭利元教授商榷［J］. 解放军外国语大学学报，2019（5）：120-127.

果只是进行音译，译文对于海外受众了解粤剧十大行当帮助不大。因此，建议采用"音译+释译"的方法。例如，"一末"可译为"1st Mo（refers to the general term in the Cantonese Opera for the elder male roles）"；"二净"译为"2nd Jing（refers to the general term in the Cantonese Opera for the face-painting male roles）"；"三生"翻译为"3rd Sheng（refers to the general term in the Cantonese Opera for the male roles）"；"四旦"译为"4th Dan（refers to the general term in the Cantonese Opera for the female roles）"；"五丑"译成"5th Chou（refers to the general term in the Cantonese Opera for the male or female clowns）"；等等①。

3.4.2 基于粤剧译介方法的翻译例子探讨

在粤剧艺术博物馆里面，对粤剧名伶李雪芳的粤剧个人成就进行了中英双语简介。

原文：早在1919年夏，名旦李雪芳率"群芳艳影"全女班(当时戏班是分全男班和全女班的，1933年以后才陆续实行男女合班)到上海作赈济义演，当地报刊将李雪芳与京剧名家梅兰芳并列，以"北梅南雪两芬芳"为题，作了详细报道。上海文坛名家陈三立（陈寅恪之父）看戏后，还写下《雪娘曲》诗四首，盛赞李雪芳。

译文：As early as the summer of 1919, the famous female opera artist Li Xuefang led an all-female troupe named "Qun Fang Yan Ying" (at the time, troupes were divided between male and female troupes, mixed sex troupes were started showing until 1933) to Shanghai for a Relief Benefit performance. Local newspapers made a detailed report of Li Xuefang together with the famous Peking Opera artist Mei Lanfang with the title of "**Two Fragrance of Northern Plum and Southern Snow**". The famous literary master Chen Sanli (the father of **Chen Yinke**) in Shanghai also wrote four poems of *Xueniang Song* to praise Li Xuefang after watching her performance.

李雪芳是广州的粤剧全女班全盛时期的名角，为粤剧全女班群芳艳影的台柱，正印花旦，嗓音清脆明亮，气量充沛，有着"金嗓子"的美誉，当时在我国戏曲界与梅兰芳同享盛誉，并称"北梅南雪"。因此，当上海报社以"北梅南雪两芬芳"为题详细报道李雪芳在上海的赈济义演时，国人都能明白，此标题来自两位戏曲名家的名字："梅"指代"梅兰芳"，"雪"指代"李雪

---

① 黄映雪，曾衍文．"一带一路"背景下粤剧的外宣翻译策略探究［J］．四川戏剧，2019（4）：41-44.

芳";两人名字均有"芳"字故取此字作"两芬芳",指代两人。但是海外受众不懂中文、不明其意,译文选用单词"plum"(梅子)和单词"snow"(白雪)来进行标题翻译,海外受众无法直接明白两者所指代的人物。笔者建议综合使用直译、意译、增译等方法进行翻译:一是译作"Two Fragrance of Northern Mei and Southern Li",这样海外参观者能够联系前文提及的"Mei Lanfang"和"Li Xuefang",清晰地获知与中文一致的英文信息;二是译作"Two Fragrance of Northern Plum and Southern Snow(Plum—Mei Lanfang;Snow—Li Xuefang)"通过括号内的注释让海外参观者明白。除此之外,原文中提及上海文坛名家陈三立为李雪芳创作诗歌时,在陈三立的人物介绍中加注"陈寅恪之父"。陈寅恪是我国著名的历史学家、文学家、语言学家,曾在日本和欧美地区多所著名大学留学,精通8种语言,因此,海外受众应该对陈寅恪大师在海外留学时所使用的英文名字更加熟悉。陈寅恪大师在海外留学时,名字常用"Yin Koh Tschen"(德文拼音)及"Chen Yin Koh"(英文拼音)而非普通话拼音音译"Chen Yinke"。因此,在翻译陈寅恪大师的名字时,使用"Chen Yin Koh"可能更加合适,毕竟译文是给海外受众阅读了解的。

3.5 粤剧译介的相关理论

3.5.1 跨文化传播理论与粤剧译介

传播学研究人与人一切传播行为和信息传播过程,其研究对象包括传播者、传播媒介、接受者、传播内容、传播手段、传播速度与效度、传播目的与控制等。对于什么是传播,不同学者给出了不同的表述:Weaver(1949)认为传播就是一个人的思想影响另一个人的思想的全过程,强调的是信息在人与人之间传递。Miller(1951)认为传播是信息从一个地方被传送到另一个地方,强调的是信息在不同地点之间转移。Gerbner(1966)提出传播是通过符号和信息系统所进行的社会互动,强调的是信息传递的媒介。Emery、Ault和Agee(1963)认为传播是将信息、思想和态度从一个人传递给另一个人的艺术[1],选用"艺术"一词,强调的是传播的技巧以及所达到的效果。总的来说,传播是一个相互作用的社会交往的过程,传播学是研究人与人之间如何运用符号进行社会信息交往的学科。传播学与其他学科息息相关,具有学科交叉性、综合性和融合性等特点,可与其他学科进行学科交叉研究。

跨文化传播学是传播学的一个重要的研究分支,在传播学的基础上强调传

---

[1] 凯瑟琳·米勒. 传播学理论:视角、过程与语境(第二版)[M]. 北京:北京大学出版社,2007:4.

播活动和过程所发生的地点和人际的不同。跨文化传播是处于不同文化背景的社会成员之间的人际交往与信息传播活动，也包括各种文化要素在全球社会中迁移、扩散、变动的过程对不同社会群体、文化、国家乃至人类共同体的影响[1]。从狭义角度可以理解为跨文化传播就是发生在不同文化背景的人与人之间的社会交往活动。由于涉及不同文化背景的人，不同语言语种的人需要寻求共同的语言才能进行信息传递和交流，这就让翻译成为跨文化传播的必然要素。正因如此，粤剧译介的本质是一种跨文化、跨语言的信息交流和传播的过程。

3.5.2 传播学"8W"模式与粤剧译介

1954年，美国著名的传播学家哈罗德·拉斯韦尔（Harold Dwight Lasswell）提出了传播过程的五个基本要素，也就是传播学著名的"5W"线性传播模式——"谁（who）→说什么（says what）→通过什么媒介（in which channel）→对谁（to whom）→取得什么效果（with what effects）"，成为众多学者后续研究的重要理论参考之一。1958年，美国学者理查德·布雷多克在哈罗德·拉斯韦尔的"5W"模式基础上增加了传播环境（what environment）与传播动机（what aim）两部分，得出"7W"模式。把传播学"7W"模式与翻译学交叉结合来看，粤剧译介就是一种跨文化传播活动，包括传播目的、传播主体、传播内容、传播媒介、传播环境、传播对象、传播效果。布雷多克新增的"传播环境"要素在跨文化传播中显得格外重要，客观体现了不同国家和不同地域的社会环境差异性对其他传播要素影响的重要性。随着科学技术的进步，现有的传播方式或传播方法多种多样，有线下和线上的途径，媒介有文字、图片、视频、实物等。对于粤剧译介的跨文化传播，笔者认为还可以再增加一个传播要素——传播途径（by what way），结合理查德·布雷多克的"7W"传播模式，构成粤剧译介的跨文化传播"8W"流程（图3-1）。

首先，传播环境覆盖粤剧译介传播全过程。开始传播前，无论是确定传播目的和传播主体，还是挑选传播内容和传播媒介途径，都需要考虑粤剧在海外传播时所处的环境进行适应性选择，才能促进海外粤剧译介受众接受和保证传播效果。然后，确定粤剧译介的传播目的或动机（what aim）。有着清晰、明确的传播目的，才能挑选更加合适的传播主体、传播内容、传播途径等后续传播要素。传播主体（who）是指在跨文化传播过程中对粤剧信息进行收集、加工并传递给海外受众的个人、集体或专门的机构。传播内容(says what)是指粤

---

[1] 百度百科词条：跨文化传播学. https://baike.baidu.com/item/%E8%B7%A8%E6%96%87%E5%8C%96%E4%BC%A0%E6%92%AD%E5%AD%A6/305434?fr=aladdin.

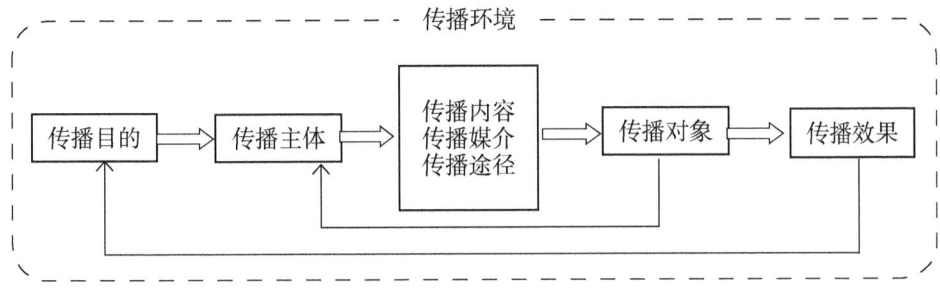

图3-1 粤剧译介跨文化传播流程

剧相关的信息内容。戏剧具备多元符号系统,因此粤剧的跨文化传播内容包括语言符号和非语言符号的内容。传播媒介(in which channel)是粤剧译介传递所经过的媒介或借助的载体。例如,报纸、广播、电视等传统大众传播媒介,基于"大智移云"科技发展的新媒体传播媒介,等等。传播途径(by what way)是粤剧译介传递所使用的方式或方法。例如,粤剧译介既可以通过线下表演也可以通过线上直播进行;还可以通过软文、图片或视频传播等进行。传播对象(to whom)是粤剧译介的观众、听众、阅读者等粤剧受众,是粤剧译介的最终传播对象。粤剧受众对粤剧译介的反应和反馈,可以作为传播主体后续调整传播策略的参考。传播效果(with what effects)是粤剧译介信息到达传播受众后在其认知、情感、行为等层面所引起的反应,是检验传播目的是否成功的重要准绳。这8个传播要素既相互构成传播生态域又彼此相互影响,故粤剧译介的跨文化传播研究主要围绕目的分析、环境分析、控制分析、内容分析、媒介分析、途径分析、受众分析、效果分析等8个维度比对分析粤剧文化的译介传播目的、环境、传播者、内容、媒介、途径、受众、效果,探讨如何构建一个能够相互促进、相互提升的粤剧文化传播生态圈。

3.5.3 翻译理论与粤剧译介

3.5.3.1 功能翻译理论

(1)翻译目的论——传播目的

著名翻译学家汉斯·弗米尔(Hans Vermeer)提出的翻译目的论(skopos theory)是德国功能派翻译理论的奠基理论。翻译目的论认为翻译是一种带有目的性质的,把原文转换为译文的跨文化交际传播行为,如果翻译行为没能在译入语的社会文化语境中对传播受众产生交际功能的话,那么这个翻译行为是徒劳无功的，因此，目的法则是翻译目的论的根本。在达到交际功能的基础上，翻译行为还需要遵循连贯原则（针对译文的语内连贯）和忠实原则（针对原文和译文的语际连贯）。前者是指译文需有一定的可读性和理解性，让读者通过阅读译文能够读懂译者所表达的意思；后者是指译文在满足翻译目的的基础上，以原文所表达的意思为基础而不能完全脱离原文翻译的目的决定了后续所采用的翻译策略和方法。跨文化传播关照下的翻译目的，突出文化在翻译中的重要地位和作用，追求译文在译入语文化中的功能与原文在源语文化中的功能一样，让译入语读者通过译文可以获得原文所表达的意思和文化韵味，从而促进社会和文化的交流传播。例如，著名粤剧《帝女花》中长平公主与世显驸马之间的浓情厚爱让观众感动不已，是粤港澳地区受众喜欢该剧的主要原因之一。当中人物拥有的大义和纯洁的爱，与海外受众的价值观相通，需要通过翻译准确传递给海外受众。其中，该剧有一句唱词："地老天荒情凤永配痴凰"，凤凰是我国古代民间传说中的吉祥鸟，是夫妻恩爱的象征之物，在翻译时，必须把凤凰的文化内涵准确地翻译，才能达到传播目的。该句译文可以翻译为"Until the earth turns old and the sky becomes barren, the loving phoenix will remain faithful with her doting mate"。①

（2）文本分析论——传播内容

汉斯·弗米尔的老师赖斯是功能翻译理论的重要人物，她把翻译活动与语言功能结合形成文本类型理论，认为所有文本都可以根据其主导功能划分为4种类型，包括信息型（informative）、表达型（expressive）、操作型（operative）和视听型（audio-medial）。克里斯蒂安·诺德（Christiane Nord）认为译者在翻译时，为了保证原文与译文的文本功能相符，需要对原文的文本进行分析，选择合适的翻译策略，使原文和译文所表达的交际意图一致。例如，对于文学文本的翻译，克里斯蒂安·诺德认为属于文献型翻译；对于一些操作过程的翻译，则属于工具型翻译。粤剧文本资料翻译，既有公示语的工具型翻译，也有粤剧唱词文本的文献型翻译，译者需要对原文和译文，以及其所处的环境及读者进行分析，保证原文和译文的功能一致，又让译入语读者读取译文时，感觉自然和顺畅。例如，粤剧艺术博物馆中关于粤剧展览前言的译文，是参观者在参观展览时首先阅读的翻译文本，因国外受众对于粤剧毫不了解，其目的是给国外受众简单介绍粤剧，因此，前言译文的用词、句式等要相对简单，易懂，少用专业名词或文化专有项词汇。

---

① 李燕霞，曾衍文. 跨文化传播视域下岭南粤剧的译介与流变——以粤剧经典《帝女花·香夭》英译为例[J]. 四川戏剧，2018（10）：18-23.

3.5.3.2 接受美学理论——传播受众和传播主体

（1）接受美学理论

接受美学理论，也称接受理论，产生于20世纪60年代末、70年代初，以汉斯·罗伯特·姚斯（Hans Robert Jauss）和沃尔夫冈·伊瑟尔（Wolfgang Iser）为代表在前联邦德国掀起的一股美学思潮，重点探讨读者在文学活动传播中的能动性和决定性地位。接受美学认为文学作品能否传递出作者的意图和目的不能取决于客观存在的作者或文本，因为不同读者欣赏和接受同样的文学作品的情况是不一样的。文学活动是作家、作品、读者之间的动态、开放、连续的过程，不是静态、封闭、互不相连的[①]，只有通过读者的阅读，文学作品才能实现"作者认同"，把作者通过文学作品传递的信息从"可能的存在"变为"现实的存在"，因此，接受美学理论以读者的理解和接受为中心。读者自身的心理结构、思想情感以及对文学作品的审美感受等均左右其对该作品的感受和接受，形成不同读者眼中的"一千个哈姆雷特"。而且，同一部作品在不同时代的社会背景下，读者对其的接受度也不一样，处于某个历史社会中的经典作品也必须被后续的社会历史时期的读者接受，才能延续其"经典"地位，不然作品将失去其生命力。

粤剧，作为一种极具艺术特色的语言艺术作品，只有被处于不同历史时期、不同社会背景的受众所接受，才能延续其活力。粤剧在海外传承传播，处于不同文化生态环境的海外受众是否接受粤剧作品所承载的文化犹胜于粤剧作品本身。粤剧艺术的接受不是被动的消费，而是显示粤剧海外受众赞同与拒绝的审美活动，强调粤剧作品的社会效果。粤剧在海外传播需要跨越语言障碍，因此，粤剧文学文本译者先是粤剧作品的读者，然后才是译者，其翻译的内容及内容所蕴含的文化内涵是译者作为读者对于粤剧作品的感受，然后把这些感受通过翻译传递给译文受众，从而产生接受美学理论关照下的"译者主体性"。

（2）接受美学理论下的译者主体性

方梦之教授（2011）认为"译者主体性是指译者在翻译活动中表现出来的本质特性，即翻译主体能动地操纵原本（客体）、转换原本，使其本质力量在翻译行为中外化的特征。"[②] 根据此定义，译者主体性中的本质是译者在翻译过程中可以具有一定的能动性、受动性和为我性，通过"三性"联动实现翻译

[①] 伍小君. 诗歌翻译的接受美学观——兼评王维诗《送元二使安西》的四种英译文［J］. 外语与外语教学，2007（10）：57-58.

[②] 方梦之. 中国译学大辞典［M］. 上海：上海外语教育出版社，2011：91.

的目的性。在接受美学关照下，译者作为读者的意识以及对于译入语文化的意识决定了其在语言转换和文化传递上的"自由"发挥，从而影响着受众对译文的接受程度。第一，"为我性"是译者主体性的根本。译者围绕翻译活动所进行的翻译调整、所选择的翻译内容、所采取的翻译策略等必然围绕其翻译目的而展开。第二，"能动性"是译者主体性的重要体现，是译者为实现翻译目的所表现出来的主观能动性。译者作为连接原文和译文读者之间的桥梁，其在文本理解、内涵传达、"误读"创作、翻译风格上均可以进行灵活处理。第三，"受动性"是译者主体性的重要方向，为译者发挥其"能动性"指明方向。译者的创造性发挥不能天马行空，而是需要全面考虑原文文本风格的限制、汉英语言特点的限制、译文传播社会环境的限制、译文受众接受度的限制等。

  进行粤剧文本的翻译，译者需要从粤语到外国语言、从岭南文化到海外文化、从熟悉的粤地受众到陌生的国外受众，发挥其主体性，将粤剧翻译为海外受众可以理解并乐于接受的作品。译者把能动性、受动性和为我性进行有机融合，才能更好地兼顾语言翻译、中西方文化差异、社会时代背景对翻译作品的积极影响。

3.5.3.3 关联理论——传播环境

  法国知名学者丹·斯珀泊（Dan Sperber）和英国学者迪尔德丽·威尔逊(Deirdre Wilson)在美国著名语言哲学家保罗·格莱斯(Paul Grice)的语用相关原则(relevance maxim)的基础上，结合认知心理学提出"关联理论"(relevance theory)，提出人类在认知过程中的交际模式为"明示—推理(ostensive-inferential) 模式"。如果从双方存在共识的语境中发掘到某种关联性，就能实现某种特定的语境效果。语境的匹配程度越高，越可能找到"最大关联"和"最佳关联"。最大关联指的是受体在理解话语时，付出最小的努力获取最好的语境效果；而最佳关联则是指受体在付出有效努力后获得充分的语境效果。关联性的强弱，取决于受体的"处理努力"(processing efforts)与所获得的"语境效果"(contextual effects)。在同等条件下，处理努力与关联性呈现反比关系，关联性越强，即处理努力则越小；同时，语境效果与关联性则呈现正比关系，即语境效果越好，关联性则越强。何自然教授(1997)肯定了语境对于翻译交际的重要性，认为"最佳的关联性来自最好的语境效果"，好的语境效果有利于受众正确理解话语，从而使跨文化交际获得成功[①]。因此，译者需要基于海外受众所处的文化背景构建交际双方共通的认知语境，让受众获取

[①] 何自然. 语用学与英语学习［M］. 上海：上海外语教育出版社，1997：39.

最佳关联，达到有效交际的目的。对于粤剧译介来说，可以基于关联理论，构建交际语境，针对粤剧文化意象中的"文化缺省"，减少翻译传递过程中的"文化流失"，提升交际效果。例如，在粤剧《帝女花·香夭》中，存在不少文化缺省词，如"灵牌""凤台""驸马""花烛""金杯""百花冠""先帝"等，如果全部采用归化翻译策略处理，戏曲中的古典文化韵味将在翻译过程中流失[①]；因此，可以为部分文化缺省词创建共通的认知语境，提升文化关联性。

3.5.3.4 生态翻译理论——传播效果

胡庚申教授的生态翻译学是基于达尔文的"优胜劣汰""适者生存"等生态理论发展起来的，把翻译与自然界的生态圈联系起来，形成一个具有跨学科性质的翻译学生态部落。译者的"生存"发展、译品的"生命"长效和翻译的"生态"环境形成相互依存、相互联动又动态平衡的"三者三生"关系。生态翻译学的理念是译境的生态平衡、译文的生态移植和译者的适应/选择[②]。在此翻译生态部落中，译者需遵循"翻译=适应+选择"的理论范式，以译者为中心，不断在翻译过程中进行调整。译者在适应翻译生态环境的同时，还需对语言维、文化维和交际维进行适应性选择转换。具体而言，语言维主要针对源语、译入语的语言形式进行适应；文化维则关注源语、译入语之间的文化差异；交际维则致力于确保源语、译入语在交际意图上的匹配。在此过程中，译者需要灵活运用翻译技巧，确保译文既忠实于原文，又符合译入语读者的阅读习惯和文化背景。生态翻译学有以下三个重要的要素。

（1）以译者为中心

生态翻译学打破了以文本为中心的格局，转为以译者为中心。从翻译的工作序列来看，译者先是原文的读者，再成为译者，最后成为联系原文作者和译文读者的中间人。因此，译者在翻译过程中一直处于中心位置，主导着整个翻译过程。

（2）生态的适应与选择

生态翻译学中的"适应/选择"，就是译者适应翻译生态环境（即接受"天择"），主动适应海外的文化生态环境，才能根据所处的翻译生态环境进行译文的选择（即"人择"译文）[③]。在这个过程中，生态环境也会对译者进

---

① 李燕霞，曾衍文. 跨文化传播视域下岭南粤剧的译介与流变——以粤剧经典《帝女花·香夭》英译为例[J]. 四川戏剧，2018（10）：18-23.
② 胡庚申. 生态翻译学——建构与诠释[M]. 北京：商务印书馆，2013：95.
③ 同②，87.

行选择。在原文、译者和译文共同组成一个有机整体,并处于同一个翻译生态环境中时,译者不断根据环境的变化进行适应与选择,找到最"适合"的状态,译文才有可能"生存"以及"长存"。

(3) 翻译的三维转换

翻译是跨文化交际,除了需要转换语言外,还需要考虑海外受众的文化环境、风俗习惯、价值观等。译者在进行翻译时需要考虑译文在其语言、文化、交际中的多维整合,才能做到最佳适应,做出最佳的翻译选择,达到最佳的跨文化交际和传播效果。

因此,生态翻译学强调译者在进行翻译时处理"选择"与"适应"的关系:当"信、达、雅"难以兼得、"神似、形似"难以统筹、"意美、形美、音美"难以共享时①,翻译中的孰轻孰重、孰少孰多,均由译者统筹把握。粤剧作为一种传统文化艺术,其产生与发展离不开地域文化环境。在进行粤剧译介时,译者既要尊重广府文化与西方文化的差异,灵活调整翻译策略,又要保持粤剧原有的文本内容、节奏和韵律等要素,以维护其本土特色和原真性。为了满足海外观众对粤剧文化的兴趣和需求,粤剧译介也需要持续创新和发展,以适应不断变化的文化环境。

3.5.3.5 其他翻译理论

除了上述主要的粤剧翻译理论,其他的翻译理论也可以用于粤剧翻译,例如比利时的语用学家耶夫·维索尔伦(Jef Verschueren)提出的顺应论,此理论强调语言在发展过程中具有变异性、商讨性和顺应性②,恰好翻译是一个连续选择和动态顺应的过程,译者需要顺应传播地域所处的不同的语境,顺应译入语读者的社会、文化和心理因素,进行灵活变通的翻译,让国外受众获得认同感,从而满足跨文化交际的需要。粤剧的英译还可以从不同的翻译理论视角开展研究,无论基于哪种翻译理论,采用哪种翻译策略,目的都是促进粤剧在海外受众的理解和传播,着力于粤剧的对外翻译和传播。

3.6 生态翻译学视域下的粤剧译介研究

粤剧于清咸丰年间随着前往海外务工的广东人到达世界五大洲,与粤侨一起扎根于海外,在海外历经超过百年的浮沉岁月,熟悉的粤韵曲调俨然成为生活在异国他乡的粤侨间的文化纽带,慰藉着海外粤侨的思乡之情。粤剧流行于北美洲、大洋洲、欧洲、亚洲东南亚地区的唐人街,成为我国传统戏剧文化的

---

① 胡庚申. 生态翻译学——建构与诠释 [M]. 北京: 商务印书馆,2013: 205.
② 宋志平. 翻译:选择与顺应——语用顺应论视角下的翻译研究 [J]. 中国翻译,2004(2): 19–23.

主要代表之一，逐渐被当地的国外受众所了解。对于来自不同母语语言体系的外国受众来说，语言不懂、文化不通成为了粤剧在海外传播和被海外人士接受的阻碍。粤剧作为一种特殊的文化形式，既包含文本资料，也包含唱演过程。海外粤剧爱好者以及粤剧社团人员不断致力于粤剧文本翻译，包括英文粤剧海报、粤剧剧目简介英译、表演唱词加配英文字幕等，希望能够吸引国外受众了解粤剧，从而接受和喜欢粤剧。在位于佛山市禅城区兆祥路兆祥公园内的广东粤剧博物馆中，馆藏着多张由海外粤剧爱好者捐献的粤剧英文海报。

粤剧文本翻译质量的好坏对于粤剧在海外传播的深度和广度有着重要的影响作用。只有意思传递精准以及符合当地语言和文化生态环境的译文，才能起到辅助外国受众了解和沟通的作用，才能帮助粤剧在当地持续发展。因粤剧译介所处的文化生态环境与原作所处的文化环境差异甚大，生态翻译学强调翻译与所处文化环境的协调性和适应性，因此，从生态翻译学视角研究粤剧文本翻译，使译文能够在新的文化生态土壤里扎根生长，将有助于提高粤剧文本译文在海外受众间的接受度，有利于粤剧在海外更广泛地传播。

3.6.1 生态翻译学理论的发展回顾

众所周知，达尔文生态进化论的主要观点是"物竞天择、适者生存"，即生物在适应环境变化的过程中，需要主动进行"适应性"变化，才能得以存活。自胡庚申教授于2001年提出"生态翻译学"概念以来，生态翻译学理论发展已有20余年之久。2001年，我国胡庚申教授将达尔文"适应与选择"学说的基本原理融入翻译学科，把翻译相关的原文、源语、交际、文化、社会、作者、译者、委托者、读者、译文等要素间的相互联系看作一个翻译生态圈，形成了"翻译即适应与选择"的生态翻译理论[1]。在具有跨学科性质的生态学翻译部落中，译者所追求的是生态学所强调的"适应性选择"以及各要素间的"平衡"状态。这种主动"适应"与"平衡"控制需要译者处于翻译部落中间且与各个要素相关联，基于"翻译=适应+选择"的理论范式[2]，不断与其他要素进行相互作用协同，逐渐形成一个"系统的理论话语体系"，建构生态翻译学研究的"生态范式"，包括翻译文本视角的"文本移植论"、翻译方法视角的"多维转换论"、翻译生态视角的"和谐平衡论"以及译者行为视角的"适应选择论"等[3]。其间，国内学者围绕该翻译理论展开多视角、多维度的探讨，从而推动"生态翻译学"理论不断向前发展。理论学派创始人胡庚申

---

[1] 胡庚申. 生态翻译学的研究焦点与理论视角[J]. 中国翻译，2011（2）：5-9，95.
[2] 胡庚申. 生态翻译学：建构与诠释[M]. 北京：商务印书馆，2013.
[3] 胡庚申. 若干生态翻译学视角的应用翻译研究[J]. 上海翻译，2017（5）：1-6，95.

教授，深耕生态翻译学研究20年，他从"关联序链"理论到涵盖宏观、中观和微观三个层次的生态理论研究体系，再到理论研究的"生态范式"建构，层层推进，步步深入，引人深思，在探索和研究中不断提升生态翻译理论系统研究的理论高度。在"关联序链"中，他重点关注翻译的文本生态、译者的"中心地位"、翻译的适应与选择以及译后的生态平衡问题。胡庚申教授（2021）提出"三观三层"的生态翻译学理论话语体系。在"三观三层"构建的生态翻译学理论话语体系中，他贯通了"翻译体系""翻译理论"和"翻译行为"的"学—论—行"三位一体的翻译研究，形成了由"文本""译者/读者"和"译境"的"文—人—境"三效合一的翻译共同体，在"学—论—行"的引领下，与"文—人—境"进行整合、互动的研究。在"生态范式"构建中，通过生态视角整体性考察翻译生态、译者生存和文本生命，进行多元文化整合的"范式转换"，"生态范式"是一种顺应、超越、变革、提升。

胡庚申教授在生态翻译学理论领域不断向深度和广度扩展，他认为译者是翻译活动中的必然存在，通过一定的翻译行为表现出来，包括基于翻译学视域的具体翻译行为（translating）和基于社会学视域的翻译社会行为（translation as a social activity）①。译者在翻译过程中，担当原文与译文读者相互沟通的媒介角色，基于海外受众所处的文化生态环境，进行多维度选择性适应以及多维度适应性选择②，使得各个要素达到平衡状态，特别取得原文和源语、译文和译入语、作者和读者间的适度平衡，从而保证文本移植到新的传播环境中可以存活，符合生态翻译学理论的内涵"生生而动、生生不息"。基于生态翻译学的"尚和""平衡"的内涵，译者需要进行一系列的"适应与选择"，对语言维（针对源语、译入语的语言形式）、文化维（针对源语、译入语的文化差异）和交际维（针对源语、译入语的交际意图）的适应性进行选择转换③，构建"文—人—境"翻译共同体中"原文—译者—译文—读者"各要素间的生态平衡状态，达到翻译传播的目的。

生态翻译学理论的外延发展始终围绕着其内涵基石"生生"而动。后续发展的"三生理念"不仅深化研究了译者的"适应/选择"的生存之道以及翻译与译境的生态平衡问题，还强调"译本生命"。原文在译文所处的生态环境中成功移植，获得"重生"，即通过"文本移植"，译文获得新的生命，具备不断循环往复的生命特征。生态翻译学理论在"三生理念"基础上又进一步发

---

① 周领顺. 译者行为研究十周年：回顾与前瞻——兼评"全国首届'译者行为研究'高层论坛"[J]. 北京第二外国语学院学报，2019（2）：21-34.
② 张建平，陈洁凤，饶文悦. 生态翻译学"三维"转换视角下的学术外译研究——以《中国特色解决民族问题之路》的英译为例[J]. 江西理工大学学报，2020，41（6）：111-116.
③ 张丽红，刘祥清. 生态翻译论对外宣翻译的启示[J]. 中国科技翻译，2014（2）：43-46.

展为"尚生—摄生—转生—化生"的"四生理念",包括译前阶段的"尚生"、译中阶段的"摄生""转生"以及译后阶段的"化生"①（图3-2）。翻译前,译者需要端正思想,深知自己的责任使命,将粤剧译介作品看作一个"生命体"。译者只有用崇尚生命的心看待原文和译文,通过动态理解原文、把握原文的精髓并基于适应与选择的互动进行翻译活动,才能使译文延续原文的生命,达到平衡和谐的翻译效果。

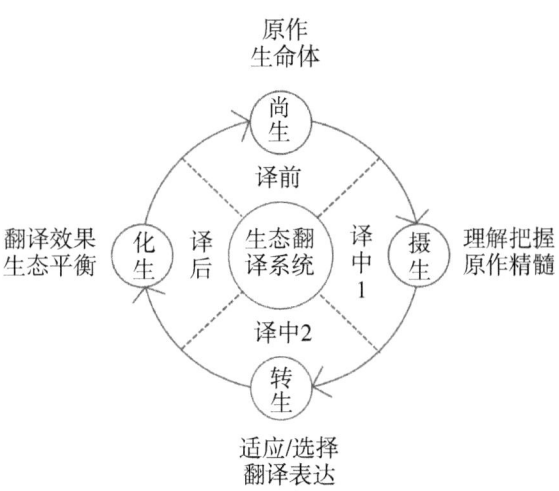

图3-2 "四生"理念下的粤剧译介传播图

3.6.2 生态翻译学视域下的粤剧剧目简介英译

粤剧剧目简介是对表演剧目故事情节的浓缩概述,帮助不懂粤语的海外受众对表演剧目有初步了解,但由于剧目简介的篇幅所限,剧目的情节介绍以及其语言表达难免出现跳跃。对于熟悉我国传统文化和历史背景的读者来说,在理解粤剧简介方面并不构成障碍。然而,对于译文受众来说,由于缺乏对原文文化的深入了解,同时受到自身文化的影响,他们在理解粤剧剧目简介时可能会遇到困难。因此,粤剧剧目简介的译者需要在使用遵循译入语的语法和语言表达方式,确保语言维度方面的沟通基础上,还需要在"文化维"和"交际维"上做出适应性选择,以弥补中英语言表达的差别、文化价值的差距和文化环境的差异,以实现翻译的生态平衡。因此,译者需要清楚该剧目所发生的背景、人物之间的关系、故事情节以及剧目所传达的深层内涵和独特的传统文化。

3.6.2.1 粤剧剧目简介中的文化维生态翻译

我国粤剧剧目主要来源于历史故事、民间故事、神话故事等,含有传统文化专有词,因此,译者只有理解剧目的文化内涵,才能对剧目简介进行准

---

① 曾衍文. 生态翻译"四生"理念下的粤剧译介传播——以粤剧剧目简介英译为例 [J]. 肇庆学院学报, 2022（6）: 76-81.

确翻译。现以经典粤剧《柳毅传书》的剧目简介英译（节选）为例展开详细说明。①

《柳毅传书》是粤剧中一部改编自民间神话故事的剧目，主要讲述书生柳毅偶遇洞庭湖龙王之女三娘并得知其被夫家泾河小龙王子虐待欺凌，"路见不平、拔刀相助"，代替三娘前往洞庭湖底给龙王传送求救信；之后，三娘叔叔钱塘龙王前往泾河救出三娘回家；最后，三娘化为渔女通过媒人说亲，与柳毅共结连理。由于此剧来自民间神话故事，含有神话文化专有项，容易造成海外受众的理解障碍。笔者建议，在译文标题后可以加上注释，如"Liu Yi Delivers a Letter（A Folk Legend）"，给海外读者一个基调，从而比较容易理解故事情节以及故事的合理性。对于神话故事的内容，译者需要做相对灵活的处理。例如，剧目简介中提到龙女三娘"因嫁泾河王子，受翁姑虐待，夫婿欺凌，求助无门，更因金丹被夺，不能飞奔，景况凄凉"。这里交代了三娘被虐待都不逃走的原因，是因为"金丹被夺，不能飞奔"。作为国内观众，能熟悉我国神话故事的桥段，"金丹"指代非常稀有和珍贵的"神药"。在"嫦娥奔月"的故事中，嫦娥就是吃了长生不老神药飞天而去。译文中对"金丹"进行灵活省略，只强调三娘失去她的飞天法力而无法逃走，即"Moreover, they have stripped her of her mystical power of flight and left her destitute"。又如，原文最后写到，"钱塘君得知，命龙女幻化渔家女，自己则化媒说亲，柳母喜渔女美丽勤巧，强子成亲。洞房之夕，龙女含笑自白，皆大欢喜收场"，这里涉及我国古代"父母之命，媒妁之言"以及男女双方婚前不能见面相识的婚俗陋习。由于国外受众对此不了解，对此部分不容易理解。因此，笔者认为最好在译文最后加上我国古代婚俗的解释，如"（At that time, marriage was decided and controlled by parents and the couple did not know each other until the day when they got married）"。

3.6.2.2 粤剧剧目简介中的交际维生态翻译

《西厢记》来源于唐代元稹的传奇小说《莺莺传》，是我国著名的传统戏曲剧本之一。故事借张生和莺莺两人敢于冲破封建礼教的禁锢而私订终身的故事，表达了人们对封建婚姻制度的不满和对美好爱情的追求，深受戏迷们喜爱，剧目被分别改编成京剧、昆曲、粤剧等多个剧种，在国内外常演不衰。《西厢记》所传递的精神内涵与西方受众的"生命诚可贵，爱情价更高"一致，是一部比较适合在海外传播的粤剧。为了帮助海外受众理解，香港中文大

---

① 本著作中所选用的剧目简介例子均来自香港中文大学中国音乐研究中心官网中的粤剧剧目简介，网址为 https://ccms.cuhk.edu.hk/%e7%b2%b5%e5%8a%87%e5%8a%87%e7%9b%ae%e7%b0%a1%e4%bb%8b/。

学中国音乐研究中心撰写了英文版的剧目简介。

原文：西厢记——崔相国夫人携女莺莺，护送丈夫灵柩回博陵安葬，暂居普救寺。适时书生张君瑞游学路经普救寺，于游殿时与莺莺相遇，两人一见钟情，私书往还。是时，贼将孙飞虎闻得莺莺貌美，欲强索为压寨夫人，兵围普救寺。崔夫人允诺能退贼兵者，将小姐嫁与他为妻。张生修书一封，请好友白马将军杜确来救。然而解围后崔夫人却反悔，只准张生与莺莺结为兄妹。张生为此害相思，卧床不起。莺莺得知，遣红娘前往探望。张生请红娘递柬，莺莺约张生相会。两人月下订佳期，事后莺莺神态异常，夫人知觉，拷问红娘。因木已成舟，夫人只得答应，但以崔家不招白衣女婿为由，着张生上京应试，授官后方许成婚。后张生得中状元，与莺莺终成眷属。

译文：Romance of The Western Tower——Accompanied by her daughter Yingying, the wife of Prime Minister Cui escorts her husband's coffin to the mausoleum. Mother and daughter lodge at a monastery. Scholar Zhang Junrui passes by the monastery during his travels and meets Yingying while touring the halls. The scholar and the young woman fall in love at first sight and exchange letters. Hearing of Yingying's beauty, a bandit by the name of Sun Feihu and his men besiege the monastery in an attempt to force marriage upon Yingying. Yingying's mother promises her daughter to anyone who can fight off the bandits. Zhang writes a letter to his good friend, the "**Knight-on-a-white-horse**" for help. When the siege is relieved, Yingying's mother breaks her promise; she only allows Zhang and Yingying to have a relationship as brother and sister. The lovesick Zhang is confined to his bed, and Yingying sends her maid, Hongniang, to pay Zhang a visit. Zhang asks Hongniang to take a message to Yingying. The lovers meet on a moonlit night and consummate their love. Seeing her daughter's unusual bearing, Yingying's mother extorts the truth from the go-between, Hongniang. Learning of their relationship, the mother has no choice but to consent to the marriage on condition that Zhang take the imperial examination at the capital and become an official. Finally, Zhang comes out first in the examination and married Yingying.

英文剧目简介以促进读者了解剧情为主要目的，强调的是"交际维度"的达成，旨在"达意"。在《西厢记》的剧目简介中，译者主要选择意译，把不影响故事情节传达的我国文化专有项进行了省略。例如，"压寨夫人"的重点是让读者知道山贼孙飞虎想强娶莺莺"为夫人"，无需解释"压寨"的意思。在古代，土匪占山为王，组织土匪团队，出于"先成家后立业"的传统思想，如果为首的大王没有娶妻，会让手下觉得此土匪王的实力不足，导致人心不稳、日子不长，"压寨夫人"是对土匪妻子的雅称，"压寨"主要展现"山贼夫人"对于山贼王的重要性。因此，译者翻译为"force marriage upon Yingying"是恰当的。同理，译者在处理"白衣女婿"的翻译时采用意译手法也是比较合理的。在我国古代的服饰文化中，服饰与政治地位、经济情况、生活状况、思想文化等方面有着密切联系。在古代，"白衣"代指无官无位的平民、庶民以及没有做官的读书人。译者没有直接对此文化典故进行翻译，而是强调张生必须上京应考成为官员后才能娶莺莺为妻。然而，在《西厢记》的剧目简介中的"白马将军"英译为"Knight-on-a-white-horse"却需要商榷。张生的八拜之交杜确镇守蒲关，统领十万大军，民众尊称他为"白马将军"，因为"白马"有着威猛、正义的形象。在粤剧简介英译时，应交代主要故事情节，笔者认为直接翻译为"General Duque"更加简洁明了。

3.6.3 生态翻译学视域下的粤剧唱词英译

在粤剧题材中，我国神话故事和民间传说改编的剧目一直深受观众喜爱，如《仙姬送子/天仙配》（来自牛郎与仙女的故事）、《宝莲灯》（书生与圣母娘娘的故事）、《柳毅传书》（书生与海底龙女的故事）以及《白蛇传》（书生与蛇精的故事）等。此类故事因含有神话传说和佛教文化等元素，与西方流行的宗教文化截然不同，国外受众对此难以理解。此类粤剧剧目的多个文化专有项是国外受众理解剧本意义的主要障碍。因此，笔者选择了大家比较熟悉的《白蛇传》为研究对象，以香港译者郑柏年于2014年翻译的"白蛇传之端阳惊变"唱段为例，探讨粤剧的唱词字幕翻译，以期助力粤剧文本翻译与海外传播。此唱段为《白蛇传》故事的高潮之一，讲述许仙在金山寺受到法海和尚教唆，回家使用雄黄药让白素贞现出白蛇原形，以验证自己的妻子是否为蛇精，在反复犹豫和衡量后最终选择一试，终因看到妻子变回白蛇的景象吓得魂不附体而晕死过去，而白素贞因此痛哭不已。

3.6.3.1　基于语言维的粤剧唱词译介

随着粤侨在海外工作定居，粤剧远渡重洋，在海外多个国家和地区生根发芽、传播传承。然而，粤语与英语分属不同语言体系，其语言特征和发音规则相差迥异。英语属于典型的语调语言，即在词组或句子层面上用声调区分意义，而粤语则属于在单词层面用声调来区分意义的声调语言，有着"九声六调"之说,节奏清晰,韵律优美①。粤语中平声字相对较多,声调相对低沉,具有鼻音重、入声强的特点。粤剧以粤语为主要演唱语言的句式相对固定,多是有着上、下句结构的七字句和十字句,粤剧的板腔体可根据唱词而调整唱腔的旋律,唱法上"腔由字出,字随腔落"。因此,粤剧创作在唱词上非常讲究,既要顺乎剧情的发展而设计唱词,还要依据粤语文字的声音和语调、音乐的节奏和旋律来精选词语。译者翻译时,如果仅从保持唱词原文的结构出发进行唱词翻译,此类译文要么无法清晰传达唱词原文的本意,要么与唱词原文的韵味相去甚远,现示例如下进一步说明。

原文:往昔归家,心里喜欢天。今天归来,强步艰辛寸心已乱。唉,常言道是非终日有,不听自然无。不若将雄黄药,弃于池中便了。慢着……无风怎起三尺浪,丝萝弱草有根连。我还是将雄黄药,放在玄关,再行打算。

译文:Before today, I was always happy to return home. But today, my steps are heavy, my mind perplexed! Words has it that small talks go as the day is long, but drop off on a deaf ear. So, I wonder if I should just discard the real-far into a pool and walk away from it. But on the other hand…perhaps not so fast! There is also an adage saying that no billow could be raised without a breeze and fine creepers and weeds have common feeding stems to breathe!

此粤剧唱段描述许仙在听到法海禅师说自己妻子是蛇精,但又不确定自己应否用雄黄药验证时,整个人处于心绪烦乱、犹豫不决且矛盾不已的状态。在此唱段中,由于需要配合粤剧板体句式,唱段中的第一句"往昔归家,心里喜欢天"中的"天"字不是指代"天空",而是作为唱段的一个辅助词,旨在强调平日里许仙回家时愉悦轻松的心情,译文恰当地选择了省略。此唱段第一句和第二句唱词是清晰的对比转折关系,对比许仙得知妻子可能是蛇精的前后状态和心情转变。汉语在语言表达上具备"意合"的特征,受众通读上下文,完全能够理解这种对比和转折。但是,英语是典型的"形合"语言,翻译时,需要用连词表达句子的转折关系,因此,译者在第二句的译文中根据英语的语言特点增加了表示转折关系的"But",从语言维度迎合国外受众的语言表达习惯。同样,第四句的开头,译者使用"连词增译"表达前后逻辑关系,以"So"展现句子和意群的前后因果关系。对于粤剧原文唱段中仅有"慢着"两个字开头的第五句,不宜采用简单粗暴的"字字直译",而应重点传递许仙犹豫迟疑的信息:要么不听法海的话,相信自己的妻子,把雄黄药丢入池塘中;要么抱着半信半疑的心态,姑且一试。因此,译者在译文中增加了英语表

---

① 张杰. 迁移理论视域下粤语对英语语音语调学习的影响及对策[J]. 长沙大学学报, 2017(3):155-158.

达"But on the other hand...", 恰如其分地展现出许仙的两难抉择。但是，笔者对于后续译文"perhaps not so fast"有所保留。原文中"慢着……"两字所表达的本意是"先不急着丢掉，等会儿看看情况再定", 此译文选择"fast"一词欠妥，因为"fast"主要强调"速度"的快慢而非"时间"的先后。因此，笔者认为"慢着……"二字若翻译为" But on the other hand...perhaps... later", 则更能实现信息传递准确、理解顺畅无误的效果。

3.6.3.2 基于文化维的粤剧唱词译介

《白蛇传》是中国典型的跨越"佛-神-人-妖"四界的民间故事，粤剧唱段《白蛇传之端阳惊变》发生在端午节，含有佛教、神仙、妖精等诸多文化元素，还包括中国传统节日——端午节。这些文化元素远远超出国外受众的文化认知范围，因此，此唱段多处文化专有项的表达成为翻译难点，需要译者从翻译生态学中的"文化维度"思考，以使得译文通畅传达又不至于产生文化冲突，以免成为粤剧在海外传播的文化障碍。许仙到金山寺上香感谢神恩赐他美满幸福一家，但被寺庙住持法海禅师告知他被妖精纠缠和迷惑，在此情节中，许仙唱段里面含有不少文化专有项。

原文：金山寺礼佛，为感爱子得添，焚香上供诸天，酬神还愿。寺里共高僧见，佢（粤语中"他"的意思）滔滔语，我心似絮乱。金山寺住持，法海禅师说道我乌云盖面，定是妖精身缠。

译文：I have just been to Jinshan Temple to pay respect and burn incense to thank Heavens for bestowing me a baby son! But the remarks of the high Monk there disturbed me! **The Fa Hai, Buddist Monk and head of Jinshan Temple, said** he saw a coat of dark air veiling all over my face. This must be a sign of what would happen to one when possessed by an evil spirit.

在此唱段的第一句中，"礼佛""焚香""酬神""还愿"等均为佛教文化在我国传播时常见的文化专有项。但是，国外受众大多信奉基督教、天主教、伊斯兰教等，对我国佛教文化了解不多。如果对其一一解释翻译，整个译文会变得拖沓冗长。例如"还愿"一词，意指信众去寺庙烧香许愿，恳求神仙帮忙达成愿望，当所求之事达成后，当事人再次回到寺庙烧香感谢神仙恩赐成全。如果把"还愿"的前因后果在译文中补充完整，将使译文所传递的信息重点不够明确，海外受众即使明白每个单词所传递的意思，也无法理解为何只要上香祈祷便可以获得神仙帮助实现愿望。因此，译者选择"减译+意译"翻译策略，只强调许仙因为妻子怀孕而去金山寺上香，对神明表达感谢和敬意。此做法使得译文简洁明了，清晰易懂。第二句主要讲述许仙在寺庙遇到法海禅师，对方告知许仙其妻子是蛇精。在唱段中，原文对法海的称谓有"高僧""金山寺住持"和"禅师"三种。译文中，译者用两种方式表达法海的称谓，前者用"high Monk"，后者以"名字+同位语"（The Fa Hai, Buddist Monk and head of Jinshan Temple, ...）的形式介绍法海，这样的做法容易让读者误以为是两个不同的和尚。其实"高僧"和"禅师"均是佛教中对于和尚的尊称，可以不译；"金山寺住持"是法海的职务，可以作为同位语进行翻译，因此，笔者建议，译文可修改为"But the remarks of Fa Hai, head of Jinshan Temple, disturbed me! He said he…"。至此，海外受众可以清晰了解人物关系，且能明白为何许仙会相信一个和尚所说的话，因为那不是普通和尚，而是受大家信任和尊敬的寺庙住持。此唱段最后一句"法海禅师说道我乌云盖面，定是妖精身缠"的翻译则要结合文化背景来考虑。人们相信，法力高超的僧侣或道士有目测凡人的"神识"能力，以判断其是否被妖魔鬼怪纠缠或即将发生福祸之事，这是佛教中帮助信众"趋吉避凶"的一种方法。虽然"神识"并非真实存在，但以我国神话的特征而言，如果译不出民间文化的味道，译文也失去了《白蛇传》作为民间故事的特色。因此，在国外受众能够理解的基础上，译者可将民间文化元素进行适应性选择和翻译，保留其民间文化味道。此处译文使用虚拟语气"This must be a sign of what would happen to one when possessed by an evil spirit"，既传神地表达了故事的内容和文化，也告知海外受众那是虚构的神话故事，传神又贴切。

3.6.3.3 基于交际维的粤剧唱词译介

对粤剧字幕进行英译的目的是帮助海外受众理解粤剧，培养其对粤剧的兴趣。译者在翻译过程中不应拘泥于固定的形态，而应关注粤语与英语间交际意图的适应性选择转换，以顺利实现粤剧英译的交际目的。在粤剧"白蛇传之端阳惊变"唱段中，剧本共出现3次唱白"哎吔"。第一个出现在许仙归家后，夫妻二人情真意切、关心交流时。白素贞给许仙宽衣摇扇，许仙给白素贞取来酸梅、山楂，以解白素贞孕后胃口不佳的状态。白素贞为许仙斟茶倒水，擦去汗滴，许仙怜惜娇妻孕中仍对自己温柔体贴，关怀备至地说了句"哎吔"。第二个出现在粤剧后半段，白素贞喝了雄黄酒后感到不适，担心药性发作变回蛇形而不让许仙作伴，独自回到卧室休息。由于雄黄药与蛇相克的特性，纵有千年道行的白素贞也无法抵挡药性折磨，最终痛苦惨叫一声"哎吔"后现出蛇形。第三个出现在许仙听到惨叫后，担心妻子身体不适，于是进房探看，却惊见白蛇仰首吐舌而发出惊叫"哎吔"。这三个地方，虽然使用同一个惊叹词，但却处在三个不同的情境中，其译文理应不同。

第一个"哎吔",是许仙感叹妻子对自己的好,隐含许仙对妻子的爱情。但由于故事发生在我国宋朝时期,在男尊女卑的封建社会背景下,男女之间感情表达隐晦含蓄,不轻易启齿赞美或畅说情话,即便粤剧唱词仅用两个简单的字"哎吔",我国受众也能理解文字背后蕴含的绵绵情话。但是,国外受众在感情表达上比较直接,喜欢别人对自己的直接赞美和喜爱。因此,译者需要顺应海外受众的社会交际及表达习惯,直接表达许仙对爱妻的赞美和爱惜,译文"Oh how sweet of you, dear"可恰如其分地"帮助"许仙把"爱"大声说出来。

第二个"哎吔"主要展现白素贞由于雄黄药的作用,身体疼痛难忍不禁脱口惨叫出声,同时也暗含白素贞虽有千年修行的法力却无法成功抵抗雄黄药力而现出原形的遗憾与失落。因此,白素贞说的"哎吔"可理解为拟声词,可以翻译为"ALAS"。

第三个许仙发出惊叫的"哎吔",译者将其翻译为"But ALAS! Oh my God"来表达许仙对于眼前所见的惊恐反应以及获悉妻子是蛇精的悲痛之情,比较恰当。

总之,前后三个"哎吔"的译文,主要依据剧情的发展及表达的侧重点而翻译,其目的是把原文信息更客观、更真实地传递给海外受众,帮助海外受众理解,以实现译文的交际功能。

3.7 小结

构建"非物质文化遗产保护"命运共同体是"一带一路"国家间语言沟通、文化互通和交际联通的桥梁纽带。译者若以粤剧艺术的情感语言,辅助优秀的英译实践,不仅能够促进国家间彼此的情感相连、文化相融,也有助于传承中华优秀传统文化,增强民族文化自信,对于"一带一路"沿线国家间的文化交流、民心相通具有十分重要的理论与现实意义。

粤剧译介需要以国外受众对中国文化的接受度为前提。如果仅以我国文化立场为立脚点,以直译方法处理粤剧文化缺省词,以异化翻译策略处理文化内涵深厚的粤剧经典,一定程度上能引导外国受众体会岭南文化的本真与价值;但是,由于外国受众对中华文化的认知较浅,暂时理解不了粤剧文化经典的精髓,恐怕无法对粤剧经典有深刻的认知和接受。如果以意译形式归化处理文化专有项或文学典故,并对应地选择国外受众熟悉的表达形式,引导他们由易到难逐步理解中国文化的深厚内涵,效果可能更好。译介的归化并非完全脱离中国文化底蕴的绝对归化,而是考虑中国文化的相对归化,一边帮助国外受众理解和接受我国传统文化,一边表达原文所蕴含的文化韵味。开展粤剧译介研究和实践，需要依托不同的翻译理论，遵循粤剧译介原则、符合粤剧译介标准、结合译介策略，灵活使用不同的译介方法。例如，基于生态翻译学视角进行粤剧剧目简介和唱词英译研究，围绕粤剧在海外传播的翻译生态环境和传播各要素，从语言维、文化维和交际维对粤剧剧本的原文、源语和译文、译入语的最佳适应性选择过程进行分析。

香港中文大学中国音乐研究中心共完成了121部常演粤剧剧目简介的英文翻译，以及粤剧发展资金资助的15部粤剧剧本和9部粤剧折子戏的中英双语剧本制作工作，是我国粤剧译介研究的重要成果。但这仅为粤剧译介研究的初始之作，还需要更多既精通粤语和英语，又熟悉粤剧和海外文化的研究学者、粤剧爱好者参与粤剧译介翻译的实践及传播研究，一起担负起传承我国优秀岭南戏剧文化的重任。

4 跨文化视域下的粤剧传播与流变研究

粤剧在适应海外传播生态的过程中,所面对的海外文化生态环境与国内的文化生态环境相比差异极大,由此产生了一系列问题:粤剧如何在海外文化生态环境中适应、存活?如何在尊重粤剧文化与异国文化之间的差异的基础上对粤剧的发展进行适应性调整?如何在保持粤剧原汁原味的基础上展开粤剧传播?在海外文化生态圈中,粤剧的原文、粤剧的译文、国外受众之间如何达到适度平衡,从而提升海外受众对粤剧唱词的理解,以及了解和接受岭南戏剧文化,是目前必须解决的难题。

4.1 文化生态视域下的粤剧传播"走出去"

文化在传承的过程中,与其所处环境以及社会成员之间产生相互影响,不断演进。这种影响在不同历史阶段、不同社会环境中呈现出各异的特点。粤剧作为岭南地区独具特色的传统艺术文化,其产生及发展与地域文化及社会环境的变化同步。粤剧在海外传播,不断与所处的文化环境以及海外观众的文化需求相契合,在变化发展中适应新的文化生态环境。因此,从文化生态学的视角切入,可以更为深入地研究粤剧在海外传播过程中,其如何随文化环境的变化而灵活调整自身,实现持续的传承与发展。

1983年,王庆仁教授发表文章,分享了文化生态学理论,介绍了文化生态学的概念和方法[①]。文化生态学的名称源于"生态学"一词,是生态学中的一门主要分支学科,是把生态学方法论用于文化学研究的新学科。生态学致力于研究生态圈中各要素如何适应环境,并构建对生物圈中各要素平衡有益的循环机制。而文化生态学作为探究文化与环境相互关系的科学,其目的在于揭示不同环境下特定文化的类型与模式,以及文化如何灵活地适应环境的变化。它重视文化在形成、演变及发展过程中与环境因素的互动,以及这种互动如何推动文化与环境之间的良性循环。文化的产生与流变深受其所处的特定环境的影响,这些环境要素涵盖政治、经济、社会等多元领域。文化生态学主张从生态群落中各成员间的相互影响与作用出发,全面研究文化的形成与流变过程,并探索如何形成独具特色的文化类型与模式,这些特色源自人与自然环境、社会环境、文化环境等多方面的交融与互动。

粤剧在海外传播时,其所处的文化生态环境中,自然地理因素、政治经济

---

① J.H.斯图尔德,王庆仁. 文化生态学的概念和方法[J].民族译丛,1983(06):27-33.

因素、社会风俗因素等文化环境构成一个外部生态圈；演员、剧本、音乐、唱法等构成一个内部生态圈（图4-1）。在海外传播的过程中，粤剧内部生态圈的各个文化要素将受到外部生态环境的影响，在各自所处的生态环境中不断进行适应性调整，从而形成粤剧表演形式的演变。为了与海外文化生态环境相契合，粤剧在海外的表演形式展现出了多种适应性变化。这些变化具体反映在演出时间的安排、演出方式的调整、演出内容的革新以及演出唱词的改变等方面，旨在实现

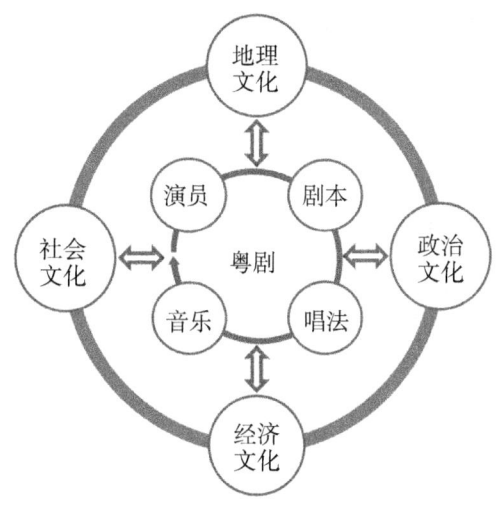

图4-1 粤剧内部生态与外部生态互动关系

"文化顺应"，从而克服文化差异带来的障碍，促进海外观众对粤剧的理解、传播与交流。

4.2 跨文化视域下粤剧在北美洲的传播与流变

粤剧在美国演出的历史可以追溯到19世纪50年代。粤剧戏班漂洋过海前往北美洲寻求发展，离不开整个北美洲的华人劳工群体形成的市场需求。19世纪中叶，由于社会动荡、生活所迫，大量广东劳工进入北美洲谋生。19世纪40年代末美国加州的淘金热，19世纪60年代美国中央铁路修建，19世纪80年代加拿大太平洋铁路修建，以及美国夏威夷的农作物种植园需要熟悉甘蔗等农作物种植的劳工，也促使大批广东人前往美国、加拿大谋生。据当时美国萨克拉门托《每日联合报》的统计，1855年在太平洋沿岸大概有3.65万中国人，其中有2万人在加州的金矿区开矿；到了1862年，有4.8万人到加州，其中有3万人采矿。1867年，美国还开通了旧金山与中国香港之间的跨太平洋航线，更加便利的交通促使更多的广东人前往北美洲求生活、觅发展。在北美洲务工的广东人聚居，移居北美的粤人依然保留着在广东的各种传统礼仪习俗，如神灵祭祀、节日庆典等，这些活动都需要粤剧演出；同时，锣鼓粤音慰乡愁，就这样，北美洲当地的华人对粤剧的市场需求形成了。于是，粤剧戏班跟随第一批中国移民前往北美洲演出，有史料记载的第一个抵达美国的粤剧团是鸿福堂，于1852年开始在旧金山演出；其他粤剧戏班也经常在加州金矿的主矿脉区（Mother Lode）华人集中的小镇巡演。粤剧跟着喜爱它的粤人步伐在北美洲扎根百余

年,面对与国内截然不同的文化生态环境,努力地进行适应性的发展。

4.2.1 粤剧演出地点的变化

4.2.1.1 从户外到戏院

粤剧在北美洲的演出从最初的户外搭建临时戏棚到兴建戏院,地点的变化主要受到地理文化因素、社会文化因素和经济文化因素的影响。

由于北美洲的地理与气候条件与广东不一样,无论是美国的南部还是被太平洋环绕的夏威夷,气候都潮湿炎热,白天基本不进行粤剧演出。特别是夏威夷,地处热带,全年气候炎热,冬季的平均温度为25℃左右,粤剧演出者穿戴层层组成的华丽戏服,常常表演都还没有开始,妆容就被汗水弄花了。因此,粤剧演出时间大部分选择在气温相对比较舒适的晚上并且持续到深夜。演出时间的变化,对不熟悉粤剧的当地居民造成嘈杂的噪音滋扰。当地居民认为粤剧的演出影响到他们的正常休息和生活,侵犯了他们的权利。据史料记载,1895年,就有夏威夷居民向法院控诉"粤剧演出深夜扰民",当地法院经过裁决,做出"对查明发出激烈噪音的乐器禁止使用"的规定(陈茂庆,2017)[①]。因此,把粤剧演出从户外搬进室内,这样既能降低粤剧演出的声响对居民生活的影响,又能提供一个更加舒适的粤剧表演和欣赏的环境,从而吸引更多的当地民众看戏。没有了户外的日晒雨淋,粤剧戏院和戏团可以增加白天的演出场次,因而也增加了收入。

经济文化因素是最重要的影响因素。随着在北美洲定居的第二代、第三代粤侨的出生和发展,粤侨的资金积累日益丰厚。嗅到了戏剧表演商机的粤侨,纷纷兴建戏院。19世纪70年代,旧金山唐人街有四家戏院(后于1906年的旧金山大地震中倒塌);20世纪20年代,美国建有11家戏院,其中旧金山建有新月街戏院、大舞台戏院和大中华戏院[②]。当时,旧金山湾区集聚了13 000多名华人,粤侨商人陈敦朴认为至少需要两三间戏院才能满足旧金山湾区众多华人的娱乐需求,于是其个人投资了10多万美元在旧金山兴建"大舞台戏院"。戏院于1924年落成,成为美国规模最大的戏院之一。之后,陈敦朴从广东聘请大量粤剧演员,使粤剧演出业务遍及北美洲其他城市,在洛杉矶和温哥华开设分院,并长期在西雅图、波特兰等城市演出。

---

① 陈茂庆. 粤剧在夏威夷的传播与接受:1879—1929[J]. 中国戏剧学院学报,2017(3):124,129,134.
② 饶韵华. 跨洋的粤剧——北美城市唐人街的中国戏院[M]. 桂林:广西师范大学出版社,2021:29.

4.2.1.2 从固定到"走埠"

由于北美洲的华人主要集聚在北美洲的东西沿海各大城市，加之北美洲的粤剧戏院或粤剧戏团从广东聘请粤剧演员前往当地表演通常签有聘期合约（例如三年聘期），因此，为了满足广大戏迷的看戏需求和保持粤剧演出的新鲜感，粤剧戏团不固定于某个城市或地点演出，而是通常采用"走埠"的演出方式在北美洲各大华人聚集地进行巡回演出。例如，粤剧戏团沿着北美大陆西海岸，从加拿大的温哥华、维多利亚到美国的西雅图、波特兰、旧金山、洛杉矶等地演出；又如，沿着北美大陆东海岸，从加拿大的多伦多、蒙特利尔到美国的波士顿、纽约等地演出。

另一方面，政治因素也促成了"走埠"的演出安排。由于吃苦耐劳、勤奋敬业的华人影响到北美洲当地居民的收入，于是美加政府实行严格的华人移民政策。加拿大政府于1885年通过了"华人移民法案"，对中国移民征收"人头税"。1882—1943年为美国政府和社会的排华时期，20世纪20年代为美国排华法案执行的高峰期，大幅度收紧华人移民的政策，规定每年只有100个华人移民配额，以及设置在美粤剧演出人员数量的上限。因此，当时大多数粤剧演员进入美国均以短期居住身份为主。为了确保在美国的演出人员不超过美国政府规定的配额上限，当地的粤剧戏院负责组织粤剧艺人在美国及周边国家演出，根据政策调整粤剧艺人前往加拿大、古巴等地演出，让粤剧在北美洲的传播构筑了以美国西岸的旧金山、美国东岸的纽约、加拿大的温哥华、古巴的哈瓦那和墨西哥的墨西哥城为演出枢纽的北美跨国粤剧演出业务网络。例如，著名的粤剧演员李雪芳于1928年去北美洲演出，先在纽约进行粤剧演出，然后再沿着东海岸前往古巴演出。

4.2.2 粤剧演出的变化

4.2.2.1 演员的变化——从全男班向男女班戏团转变

受我国古代的封建思想桎梏所限，初时的粤剧戏班采用全男班阵容，戏中女角也由男性反串。但是这样的戏班到了北美洲后"水土不服"，无法立足于北美的文化生态圈。19世纪中叶，第一波女权运动的浪潮席卷西方国家，出现了有组织性的女权运动。例如，1848年，美国纽约州塞内卡瀑布市就召开了第一次女权大会，并在会上通过了《权利和意见宣言》，抵制对女性实施专制，大力宣传男女平等的思想，反对性别歧视。从19世纪中叶起，北美主流社会认为中国戏剧演出晦涩难懂；受主流社会的偏见影响，美国报纸杂志为主流读者炮制煽情的报道，描绘出中国戏曲古老不变、怪异难懂的形象，大量传播讽刺中国戏曲的漫画。因此，为顺应北美的政治文化和社会文化，以及符合美国社会的伦理道德观，粤剧戏团从全男班转变为男女班的合理搭配，演员根据各自的性别扮演戏中的男女角色。在旧金山大舞台戏院的建造申报申请书中就强调了戏院不再采用男扮女装的传统表演方式，而是根据演员的性别进行相应的角色演出，"申请人的目的……是让中国男伶扮演男性角色、中国女伶扮演戏中的女性角色，并且所有雇佣的置景工和舞台工作人员都接受过相关的专业技术培训"①。

4.2.2.2　音乐的变化——演奏乐器从"东"到"西"的转变

锣鼓是我国传统戏曲艺术的主要特征，粤剧与其他戏曲的不同之处在于广钹和高边锣等打击类乐器的应用，用于掌控戏曲的节奏。而且粤剧主要演出于传统节日民俗活动，锣鼓的使用能快速营造热闹喜庆的氛围。对于北美的粤侨来说，锣鼓鸣响是乡情；但是，北美的主流社会习惯西方乐器的悠扬，不习惯声音响亮的锣鼓等打击类乐器，觉得过于嘈杂刺耳。半夜演奏的敲锣打鼓声响打扰到演出地居民的睡眠休息，被北美民众所诟病和抵制。例如，1882年3月，波特兰市颁布了相关的演出规定，"只有弦乐器可以在午夜以后演奏"②。很明显，此规定就是为了禁止粤剧锣鼓在深夜表演时的使用。由于法律法规的禁止，同时为了兼顾美国主流社会的观众偏好，粤剧的演出乐团逐渐改为管弦乐队，加入不少西洋乐器，如小提琴、萨克斯风等，构成扬琴、两弦胡琴、小提琴、钹、锣、鼓等中西乐器演奏团队，粤剧的音乐随之发生变化，形成更加适合北美受众聆听习惯的旋律。

4.2.2.3　表演的变化——从普通向优质演出转变

在粤剧海外传播的初期阶段，国内享有一定知名度的粤剧名伶普遍对远赴北美洲演出的舟车劳顿持消极态度。因此，这一时期，北美地区的粤剧演出主要由技艺水平相对普通的艺人承担，他们主要搬演国内的粤剧作品。到了20世纪20年代、30年代，美国的纽约、旧金山等地兴起了"大中华""大舞台"等粤剧戏院，加拿大的温哥华、维多利亚也纷纷成立了多家粤剧戏院。国外戏院的东家"砸重金"从国内邀请省港班著名的大老倌和正印花旦到当地演出。此时期，千里驹、陈非侬、靓元亨、白驹荣、白玉堂等粤剧名伶均被邀请到国外演出；国内的粤剧团，如薛觉先领导的觉先声剧团、马师曾领导的大罗天剧

---

① 饶韵华. 跨洋的粤剧——北美城市唐人街的中国戏院［M］. 桂林：广西师范大学出版社，2021：72.
② 同①，54.

团,以及永寿年、人寿年、普长春、非侬等剧团都曾赴北美演出。优秀粤剧名伶和剧团的到来,带来了良性的市场竞争,国外各戏团争相推出优秀的新兴剧目,舞台设计融合声光电化技术展现时兴的写实风格舞台,以最佳的演员阵容、优质的表演技艺、优美的唱腔风格,提升了国外粤剧演出的档次和水平。由于是"走埠"演出,各个地方的观众会有些差异,为此,粤剧戏团的演出变得非常灵活,根据观众的现场反应加入即兴表演。例如,当时的美国戏院根据观众的喝彩对演员进行奖励,如果演员表演精彩,美国观众也会向舞台抛洒钱币或金饰作为小费褒奖演员。"小费文化"的正面强化,激励了戏团排演精彩剧目,激励了演员提升演技,为国外粤剧表演的质量提高发挥了积极作用。[1]

4.2.3 粤剧剧本的变化

北美的社会文化因素对粤剧产生了多方面的影响,包括乐器的选用、音乐的配合、服饰的搭配、表演的安排、剧目的选择、剧本的编写等。粤剧需要进行合理的选择性变化,以便适应其所处的文化生态环境。以海外粤剧的剧本及表演的变化为例,其经历了3个阶段的变化。

4.2.3.1 粤剧的本土化改编

由于文化和审美等方面的差异,北美观众不仅喜欢粤剧精美华丽的戏服,还喜欢复杂多变的翻跟斗武打和杂技动作,所以演出者会根据剧情融入武打动作的功夫表演。在剧目选择上,戏班尽量选择含有武打情节的粤剧剧目,然后对该粤剧剧目进行合理化的改编,强化或新增武打动作情节,更多地展现粤剧中的武打功夫。演出者通过极具南派功夫特点的粤剧,如加入翻跟斗等北美观众感兴趣的元素,激发了海外受众对中国功夫和武术的浓厚兴趣。

戏剧来源于其所处的社会文化,又与其所处的社会环境同频共振,相互呼应。粤剧剧本不再局限于古代的帝王将相、才子佳人的题材故事,而是站在群众的立场,反映社会现实,对时势或时而褒扬、或时而推动、或时而贬损。在19世纪末至20世纪初,夏威夷历经了多个历史时期,包括自立王朝时期、美国的共和时期以及最终被美国合并的阶段。当孙中山先生在夏威夷频繁发表政治演说,呼吁推翻清朝统治时,这一主张引起了当地民众的共情,得到了广泛支持。与此同时,夏威夷的粤剧戏团顺应当时的政治文化环境,编排并上演了多部反清剧目。这些粤剧剧目不仅扩大了反清思想的影响力,更激发了海外华人对于反清斗争的热情与参与度,与远在家乡的反抗清朝政府的政治运动形成了

---

[1] 曾衍文,李燕霞. 文化生态视角下粤剧的海外传播与流变[J]. 四川戏剧,2020(3):59-62.

有力的呼应。在我国抗日战争时期，海外的舞台演出爱国类、抗战类题材粤剧，为国内抗战进行义演筹款，华人在远隔千里的国度通过粤剧表演筹资给予家乡同胞们资金、物资和精神上的支持。

4.2.3.2 把本土剧本改编为粤剧

粤剧艺人在海外演出的时候，一是受到海外文化的影响，吸收西方艺术文化的养分；二是想走近海外的观众，让观众走进粤剧世界。于是，海外粤剧戏团把西方的歌剧、戏剧和电影改编成粤剧，给海外受众提供更加熟悉的剧目，降低粤剧的陌生感。著名的粤剧大师马师曾和薛觉先是把海外本土剧本和电影改编成粤剧的代表性人物，为粤剧的剧本改编创新贡献巨大。薛觉先把外国题材和外国人物与粤剧进行"中西合璧"，将西方的故事粤剧化进行表演。有些剧目改编自美国西部的牛仔故事，演员们穿着牛仔裤、马靴等极具美国西部牛仔文化的服饰进行粤剧表演。在音乐改编上，把外国歌曲巧妙地与粤剧的梆黄、粤调小曲结合，保留粤剧的地方文化特色[1]。田汉曾对薛觉先演出的《璇宫艳史》赞赏道："我很佩服薛觉先演《璇宫艳史》，真是大胆得很，穿外国的服装，把外国的表情和广东戏的调子结合得那样好，这是很不容易的。"[2]薛觉先的《胡不归》《白金龙》以及马师曾的《蝴蝶夫人》《贼王子》均为改编自其他国家的戏剧和电影的西式时装粤剧[3]，其中《白金龙》改编自美国电影《郡主与侍者》；《蝴蝶夫人》改编自意大利作曲家普契尼的同名歌剧。马师曾于20世纪30年代在美国旧金山演出期间，把当时的美国明星范朋克（菲宾士）的文学作品《贼王子》改编为粤剧"走埠"演出，轰动整个美国演艺界，当地媒体纷纷报道（沈有珠，2016）[4]。

4.2.3.3 用英语唱演粤剧

为了跨越粤剧海外传播中不同语言的障碍，海外粤剧戏团尝试着在表演过程中提供唱词和念白的英文字幕以及改编粤剧，用英文填写粤剧唱词和用英文唱演粤剧，在表演形式上保留粤剧舞台装饰、粤剧戏服装扮、粤调音乐唱腔，但粤剧唱词和对白均改用英语，以期改变西方受众对粤剧的刻板印象。20世纪初，夏威夷的华裔学生就陆续排演了英语粤剧《汉宫秋》、《黄马褂》（为美国作家编写的剧本）等，并且在夏威夷的各大剧院演出[5]。旅居北美的粤剧艺

---

[1] 王溢凡. "薛马争雄"与粤剧改革[D]. 北京：中国艺术研究院，2019：38.
[2] 赖伯疆. 薛觉先艺苑春秋[M]. 上海：上海文艺出版社，1993：225.
[3] 赖伯疆. 薛觉先马师曾对粤剧革新的贡献[J]. 人民戏剧，1980（11）：25-27.
[4] 沈有珠. 晚清民国时期粤剧在旧金山的流传与传播[J]. 中华戏曲，2016（1）：270-282.
[5] 曾衍文，李燕霞. 文化生态视角下粤剧的海外传播与流变[J]. 四川戏剧，2020（3）：59-62.

人以及热爱家乡粤剧文化的粤侨，顺应北美受众与粤剧文化疏离的社会文化形势，以英语唱白配上粤曲音乐和粤剧表演形式，以期扩大粤剧的传播和影响范围，传承粤韵粤剧。但是，由于粤语和英语分属不同语系，语音、语调相距甚远；加之粤剧行内甚少能兼顾粤剧唱演和英语表达的从业者，英语粤剧创作艰难，成品甚少。由于20世纪20年代、30年代，北美华人的社会地位低下，华人儿童主要在为华人特设的学校上学，所接受的英语教育较为次等，因而当时很少有华人能够用英语创作出精彩的文学作品（Hom M，1992）[1]。

4.2.4 粤剧传播方式的变化

4.2.4.1 中英双语粤剧文本

20世纪30年代，粤剧在北美洲演出进入繁盛时期，每晚在旧金山、纽约等中国戏院连演。为了吸引观众，粤剧戏院每日均印刷戏桥（粤剧演出的广告传单，内容一般包括演出的戏班或戏团、演出剧目及内容简介、主要演员、演出时间和地点等），粘贴在戏院的门口以及派发给沿街的店铺和受众。为了吸引不懂粤语的美国受众前往观看，粤剧戏班印刷适合中西观众阅读的中英双语戏桥。除了戏桥，粤剧戏院或戏班还会在当地的中文和英文报刊刊登中国戏院的广告，列出每日演出的粤剧剧目和主演阵容；而且，粤剧戏院会动员社会关系邀约英文新闻媒体在英文报纸上撰写关于粤剧女伶的介绍和演出报道。当时纽约的《民气日报》《旧金山之声》《加州阿尔塔日报》等报纸均有相关的报道和广告[2]。

4.2.4.2 聆听文化粤剧唱片

随着科技的发展进步，录音机、留声机和唱片的发明，聆听文化逐渐在北美社会流行起来。借助唱片技术，粤剧在美国各地的传达更加方便，让居住在偏远地区的粤剧爱好者也能通过唱片聆听粤剧。1920年起，粤剧唱片录制开始兴起。1925年在旧金山开业的大中华戏院于1927年与中国香港商人合作，创办了远东唱片公司，技术人员特意携带特殊录音设备从美国到中国香港对粤剧表演，特别是那些曾经在唐人街戏院演出的名伶名剧进行录音。截至1930年，远东唱片公司共制作发行了近200张粤剧唱片[3]，让那些无法在戏院观赏舞台表演的华人也能听到粤剧戏曲。

---

[1] Hom M. Songs of Gold Mountain [M]. Berkeley：University of California Press，1992：29.
[2] 饶韵华. 跨洋的粤剧——北美城市唐人街的中国戏院[M]. 桂林：广西师范大学出版社，2021：27.
[3] 同[2]，16.

4.2.4.3 视听文化粤剧电影

1895年卢米埃尔兄弟发明了电影,让观众们耳目一新。1914年,粤剧《庄子试妻》在中国香港被摄制成无声电影,成为第一部粤剧电影。但是,"唱念做打"是粤剧的核心精髓,无声电影中缺乏了粤剧的灵魂——唱腔和念白,没能吸引粤剧戏迷。直到1933年,粤剧大师薛觉先自编自演的第一部粤语有声电影《白金龙》的出现,才掀起了粤剧电影拍摄和传播的新篇章。据统计,1935年和1936年两年间,有薛觉先、白驹荣、牡丹苏、靓少佳等37位粤剧演员参与了粤剧电影的拍摄[①];其中,粤剧名人马师曾与美国华侨一起集资创立了"全球影片公司",出演粤剧电影58部,是"影剧双栖"的粤剧艺术大师。粤剧电影比舞台粤剧传播速度更快、传播范围更广、传播频率更密,在北美洲掀起了粤剧电影热潮。随着粤剧电影进入传播高潮,北美洲的戏院顺应市场需求,逐渐改为电影院,以播放粤剧电影为主。随着科技的发展,电视的迭代出现让粤剧观众足不出户即可观看粤剧。电影电视的普及,培养了广泛的粤剧观众基础;但同时,不可避免地大大分流了粤剧舞台表演的观众。

随着时代的变化,北美洲的粤剧演出从全盛时期的每天晚上上演各式经典粤剧剧目转变成现今作为唐人街社区小众的文化活动,粤剧在北美的变化与粤侨的变化休戚与共,处于动态变化中。北美现有业余的粤剧粤曲社团七八十个,依然活跃于粤侨聚集的唐人街社区,大多数为非营利机构,其成员热心公益性质的中华民族文化活动。在重大的传统节庆日子或大型活动中,如亚太裔传统文化月,均可在粤侨社区看到粤剧社团的演出。作为粤侨的一种乡情联结的文化符号、一种集体文化认同,粤剧锣鼓声一响,周边粤侨就会投以亲切的目光,沉浸在乡音的欢乐氛围之中。

4.3 跨文化视域下粤剧在东南亚的传播与流变

4.3.1 粤剧在东南亚地区的文化生态环境

东南亚地区,古称"南洋",包括中南半岛和马来群岛两大部分,地处亚洲和大洋洲、太平洋与印度洋之间的"十字路口",位于马来半岛和苏门答腊岛之间的马六甲海峡是连接太平洋和印度洋的重要海上通道。广东地处南海边上,水路交通便利,古时不少广东人乘船沿着南海水域"下南洋"经商或务工谋生。跟其他粤侨在全球聚集的情况一样,众多粤人在东南亚地区聚居,粤剧受众广泛,成就东南亚地区"粤剧的第二故乡"之美称。东南亚地区是全球华

[①] 罗丽. 延展与凝视:粤剧电影发展史述评[M]. 北京:人民出版社,2017:99.

人最集中的地区，全球70%的华人安居于此，粤剧的华人观众数量多且分散居住在东南亚各国。因此，跟北美地区相比，粤剧在东南亚地区有着更好的跨文化传播生态——更多的华人受众、更大的社会话语权和更强的文化影响力。例如，根据新加坡政府每10年所做的人口统计，新加坡华人占比在过去30年分别为76.8%（2000年）、74.1%（2010年）和74.33%（2020年）。另外有统计显示，马来西亚华人占比超过22%（2023年）；泰国的华人占比超过14%（2023年）。华人在东南亚地区深耕奋斗超百年，不少人取得了较高的社会地位，或成为皇室成员，或成为政府官员，或成为商业大亨，或成为公益事业的领跑者等，对中华民族文化在东南亚的传播传承具有较大的社会影响力。

4.3.2 粤剧在东南亚地区的跨文化传播与流变

4.3.2.1 粤剧在东南亚地区有着与北美洲相似的流变历程

粤剧在东南亚的传播，经历了跟北美洲相似的流变过程。第一，在演出地点和时间转变方面，由于东南亚地区各国家相隔不远，水路基本相通，粤剧戏团也是主要采用"走埠"的流动性演出方式，前往越南、泰国、马来西亚、新加坡、印度尼西亚等国的城市进行粤剧巡演（黄伟，2014）①。"走埠"的粤剧大老倌基本选择自己的首本名剧进行深耕，在剧本改编、唱功唱法、服装打扮、武打动作、舞台呈现等方面进行深入研究，根据"走埠"地点的社会文化环境和受众进行相应的调整，提升观众对粤剧演出的期待值和新鲜感，提高上座率。由于东南亚国家地处热带，白天天气炎热，晚上的温度和气候更加舒适宜人，妆容更容易保持，更适合戏剧表演，因此，粤剧的演出时间段也是从晚上开始直至深夜。第二，在演出方面，转变为男女演员组成的戏班、中西方乐器组合的乐团，著名粤剧演员争相"下南洋"镀金也带来了优质的名伶名剧演出。第三，在剧本改编方面，为了适应国外受众了解粤剧文化的需求，出现了诸多外语版本的粤剧经典剧本，如新加坡英文译本《白蛇传》，印度尼西亚爪哇文译本《薛仁贵》《杨忠保》《狄青》《贵夫人》以及马来文译本的《乾隆君游江南》，等等。第四，在传播方式方面，也经历了繁华的粤剧戏院舞台演出到风靡多地的粤剧电影的转变。东南亚还一度成为粤剧电影制作的投资主体。20世纪50年代起，香港的粤剧制片商只要提供一个粤剧电影的故事大纲以及主演的男女演员名单，便可前往东南亚地区销售粤剧电影的预售版权，一旦东南亚地区的合作方签约同意，制片商就能获得拍摄资金。粤剧电影在东南亚

---

① 黄伟. 20世纪初期海外粤剧演出习俗探微［J］. 戏剧（中央戏剧学院学报），2014（1）：103-111.

旺盛的市场需求以及受欢迎程度由此可见一斑①。

4.3.2.2 粤剧在东南亚地区传播的特点

（1）民间和政府大力支持

为了促进整个粤剧行业的良性发展，1857年，赴新加坡演出的粤剧艺人在新加坡成立了粤剧行会组织"梨园堂"；20世纪中叶，粤剧在东南亚流行，成为当地一大行业，从业人员众多，东南亚的粤剧戏团共同组建了"南洋八和会馆"，管理新加坡、马来西亚、印度尼西亚等东南亚地区粤剧戏班的演出活动，维护当地粤剧演员权益。民间行业组织的积极推动，使粤剧在东南亚地区流行百年，如今依然在东南亚各国的文化环境占有一席之地，获得政府层面的支持。例如，新加坡政府积极构建多语言、多文化的全民族文化互融国家，政府颁布政策，提供资金资助，引导各民族相互学习，建立"文化互信"。新加坡通过国家艺术理事会立项拨款资助的形式为当地非营利性质的粤剧团体提供政府援助，并对支持和发展粤剧艺术的团体给予嘉奖，而其中的佼佼者为新加坡的敦煌剧坊。在政府政策的积极支持下，当地粤剧逐渐走出粤侨圈，成为当地各族民众共品共赏的戏剧艺术，包括祭祀风俗演出、业余剧社演出、茶座粤曲唱演、宗乡会馆赞助演出、文化基金会资助演出、戏曲教育进学校等②活动。为扩大粤剧受众的接受度和粤剧文化的影响力，敦煌剧坊粤剧团在新加坡经营粤剧茶座，到学校和社区举办粤剧讲座以及开设和讲授粤剧形体表演、粤曲演奏、武术化妆等课程；自编自导自演英语粤剧，进行国际巡回演出等活动。为表彰其在粤剧文化推广方面的贡献，新加坡政府给敦煌剧坊颁授了"新加坡卓越奖"③。

（2）外语粤剧应时而生的必然性

虽然华人在东南亚地区各国占有一定的比例，但是随着东南亚国家推行本地语、英语等作为学校的通用语言，粤语在异国他乡逐渐弱化，定居东南亚地区的广府人的广州白话方言使用率在逐代减少。例如，新加坡是个多民族多语言的国家，新加坡政府在学校主要推行中英双语教育。根据新加坡统计局分别于2010年、2020年进行的人口普查，以及关于5岁以上新加坡居民在家使用的沟通语言的统计（表4-1）④，除了英语的使用率在这10年间上涨了16%以外，其他语言的使用率均呈下降趋势。新加坡当地的主要华语方言包括闽南语、粤

---

① 罗丽. 延展与凝视：粤剧电影发展史述评[M]. 北京：人民出版社，2017：70.
② 朱恒夫. 论新加坡传承、发展戏曲的经验[J]. 文化遗产，2014（2）：68-74，157-158.
③ 蔡孝本，李红. 此情最相思——粤剧史料文萃[M]. 广州：广州出版社，2016：187.
④ 笔者根据新加坡统计局发布的相关数据整理成表。数据具体来源：新加坡统计局官网，https://www.singstat.gov.sg/publications/reference/ebook/society/community-services.

语、潮汕话、客家话等，华语方言作为家庭主要沟通语言的比例仅有8.7%。如果粤语方言被小众化、边缘化，那么，依托粤语发展的粤剧必然式微。

表4-1 5岁以上的新加坡居民在家主要使用的沟通语言

语言	沟通语言使用率（%）		变化幅度（%）
	2010年	2020年	
英语	32.3	48.3	+16
普通话	35.6	29.9	-5.7
华语方言	14.3	8.7	-5.6
马来语	12.2	9.2	-3
泰米尔语	3.3	2.5	-0.8
其他	2.3	1.4	-0.9

幸好，粤剧的本质是开放、兼容、并蓄，一直走在传统戏剧创新发展的前列，结合所在国的本土语言和粤剧表演形式的外语粤剧就这样应时而生、应势而长。顺应新加坡的官方语言之一的英语，使用英语向非粤籍人士和接受英文教育的观众介绍与推广粤剧是必然的，也是必需的。例如，新加坡粤剧团敦煌剧坊的胡桂馨女士于1977年开始采用中英文字幕配合粤剧演出，既让接受英文教育的观众能够了解剧情，欣赏粤曲，也能让不懂粤语的其他观众欣赏粤剧唱词与对白，得到观众支持。后来，敦煌剧坊的创建人黄仕英先生尝试编写英语粤剧折子戏《白蛇传》，并在新加坡的牛车水人民剧场演出，得到西方人士的热烈反响，观众好评不断，后来前往比利时、德国、法国、美国等欧美国家巡回演出。随后，黄仕英先生再下一城，又创作出品了大型英文粤剧长戏《清宫遗恨》，采用中西方演员同台演出，在全球30多个国家和地区上演，获得当地观众的高度认可和赞赏。该英语粤剧也于第七届"广东羊城国际粤剧节"期间到广州进行展演，给内地观众带来耳目一新的体验，也给国内的粤剧界带来粤剧创新传播的新思考。

4.4 跨文化传播视域下的粤剧改编"请进来"

艺术无国界，戏剧文化一直处于一种流动状态，与它所到之处的地域环境结合，这从粤剧的形成和发展可见一斑。粤剧具有学习性和衍生性。当外江戏来到广府地区，"戏棚官话"与本地的粤语方言以及梆子、二黄与地方曲调如广东小曲、南调、咸水歌等结合，形成极具粤地特色的"粤剧"。粤剧流行于粤港澳地区，位于中外文化传播的主要区域，一直以开放的态度对国外文化进行择优学习、兼收并蓄，保持自身的适应性、发展性和衍生性，在全球不同区域进行跨文化传播。

随着世界文化日益频繁的交流和东西方戏剧不断融汇碰撞，中国戏曲改编西方戏剧已成为艺术创作与文化传播的一种有效手段。这种戏剧改编在本质上是跨文化改编，其传播实际上也是一种跨文化传播。对外国优秀戏剧进行本土化改编正是粤剧一个非常主要的学习形式。把外国优秀戏剧改编为粤剧，在跨文化传播中具有三重意义：第一，把西方优秀戏剧文学"请进来"，让国内粤剧受众感受和学习国外优秀文化；第二，对西方优秀戏剧进行学习和改编，促进本地粤剧在戏剧内容和戏剧形式上进行革新；第三，通过戏剧改编让粤剧在全球传播中找到更多的戏剧文化契合点和共通点。

4.4.1 改编自莎士比亚戏剧的粤剧作品情况

据统计，莎士比亚（1564—1616）是被我国学者研究得最多的外国作家之一。他是欧洲文艺复兴时期英国最杰出的戏剧家，也是人文主义文学的集大成者，其作品登上世界文学艺术的巅峰，闪烁着超越时空的人性光辉，具有积极和深刻的社会意义。莎士比亚所作的戏剧（称"莎士比亚戏剧"）在中国是改编最为频繁的西方戏剧，曾被改编与多个戏曲剧种结合，包括京剧、粤剧、昆曲、川剧、木偶戏等。

粤剧是我国南方地区影响力最大的地方戏曲剧种，具有极高的艺术价值、多样的艺术形式以及深厚的文化底蕴。粤剧首先在广东、广西地区出现，其后传播至我国香港、澳门，以及伴随移民者传至东南亚、北美洲、欧洲、大洋洲等华人聚居地。由于岭南地区具有经济、文化方面的便利条件，而粤剧本身又具备开放性、兼容性的特点，在粤剧不断发展的过程中，一直有改编世界文学名著的传统。莎士比亚戏剧是全球戏剧文化的瑰宝之一，不少粤剧作品改编自莎士比亚戏剧。岭南粤剧界对莎士比亚戏剧进行大胆创新和改编始于20世纪30年代，当时最早出现的改编粤剧叫《一磅肉》，改编自《威尼斯商人》。《一磅肉》是粤剧前辈马师曾根据20世纪初期林纾和魏易两人合作翻译的莎士比亚文言文译本《英国诗人吟边燕语》改编的。该文本在中国莎学发展史上具有举足轻重的地位，不仅影响了田汉、曹禺、郭沫若等现代文学戏剧大师，更是早期剧团经常使用的莎士比亚戏剧剧本蓝本。自20世纪30年代起，岭南粤剧界对莎士比亚戏剧进行了多次改编，如表4-2所示。

表4-2 莎士比亚戏剧本土化改编摘要

莎士比亚戏剧	莎士比亚戏剧本土化改编后的粤剧	粤剧社团
《威尼斯商人》	《天之娇女》	广州实验粤剧团
	《豪门千金》	广东粤剧院
《第十二夜》	《天作之合》	广州红豆粤剧团
《麦克白》	《英雄叛国》	香港福升粤剧团
《仲夏夜之梦》	《一梦南柯》	香港青苗粤剧团
《驯悍记》	《刁蛮公主憨驸马》	太平剧团

改编后的粤剧通过独具一格的粤语唱腔以及舞蹈、配乐、灯光等多样化手段，淋漓尽致地展现了莎士比亚戏剧主人公丰富、深刻的内心世界，表现莎士比亚戏剧蕴含的人文主义精髓，在国内外获得一致好评，展示了由经典戏剧改编的粤剧剧目在全球的魅力和价值。

基于跨文化交际的视角，笔者试析经典粤剧《刁蛮公主憨驸马》对莎士比亚戏剧《驯悍记》进行跨文化改编的可行性、具体策略及其传播效果，思考其跨文化传播的意义。

《刁蛮公主憨驸马》，许多演员都演绎过该剧，例如，马师曾和红线女、彭炽权和何韵红、欧凯明和郭凤女等。笔者研究对象为马师曾和红线女版本的《刁蛮公主憨驸马》，该剧在1943年由第一个男女合班的粤剧团——太平剧团在广西梧州进行首演，后在国内外演出多次，深受观众喜爱。但是，国内外关于粤剧《刁蛮公主憨驸马》的研究极少。根据中国知网文献搜索结果，相关文章仅几篇，分别如下：黄静珊（2011）以粤剧《刁蛮公主憨驸马》为其中一例，诠释公主和驸马这一特殊位置上的人物的生活以及其带给观众的艺术享受[1]；冯汉华（2013）探索女主人公凤霞公主的自由精神，认为《刁蛮公主憨驸马》"具有超越时代、年龄、文化水平的广泛深远且持久的影响力"[2]；陈琳和张恒（2016）从文本分析的角度论述《刁蛮公主憨驸马》对《驯悍记》的改编[3]；陈张立（2016）从文本分析的视角挖掘《刁蛮公主憨驸马》里面关于"情趣"的喜剧元素[4]。根据传播学思想，任何信息的传递和交换都可视作传播现象[5]，因此，笔者试图从跨文化交际传播的视域，探析《刁蛮公主憨驸马》对《驯悍记》进行改编的可行性、跨文化传播策略、传播效果。

---

[1] 黄静珊. 戏曲舞台上的骄公主与傲驸马[J]. 南国红豆，2011（1）：20-22.
[2] 冯汉华. 凤霞公主：自由精神的化身——《刁蛮公主憨驸马》观后新感[J]. 五音恋弹，2013（2）：45.
[3] 陈琳，张恒. 粤剧《刁蛮公主憨驸马》对《驯悍记》的跨文化改编[J]. 英语广场，2015（12）：53-55.
[4] 陈张立. 戏中"趣"字最钟情——观粤剧《刁蛮公主憨驸马》[J]. 南国红豆，2016（4）：62.
[5] 董璐. 传播学核心理论与概念[M]. 北京：北京大学出版社，2010.

4.4.2 《刁蛮公主憨驸马》对《驯悍记》进行改编的可行性

4.4.2.1 粤剧发展革新的社会因素

粤剧发展十分注重与西方文化进行交流，善于吸取西方文化长处来滋养自己。清末民初，广东是中国对外交流的重要门户，与其他剧种相比，粤剧与西方的触碰更加频繁。根据《美国华人史》记载，"粤剧为海外华人带来赖以生存的民间文化"，它不仅为粤籍社群提供了亲切的娱乐形式，也拓宽了粤剧的生存空间和文化接触面。很多粤剧团在美国大剧院表演成功后在唐人街建立了自己的剧场，其中的典型代表为当时拥有123名演员的鸿福堂。著名莎士比亚戏剧《驯悍记》喜剧氛围浓厚，剧情冲突夸张，被国内戏曲界多次编演。20世纪30、40年代，在中西文化交流背景下，民众对《驯悍记》并不陌生。多本周刊如《良友》《环球画报》《新演剧》等都曾经对美国电影版《驯悍记》的剧照进行宣传。《新银星与体育》也刊登过美籍华人黄柳霜女士装成玛丽·碧克馥在《驯悍记》中的扮相：穿着一身黑色及地长裙，双手叉腰，霸气外露。可以说，《驯悍记》与《刁蛮公主憨驸马》当时的结合具备一定的社会因素支持。

4.4.2.2 马师曾的兼收并蓄思想

1931年，马师曾被聘至旧金山（又称"三藩市"）进行粤剧演出。赴美前，他精心编印《千里壮游集》，以便宣扬他的"新剧观"：既要利用岭南粤剧宣扬中国道德文化，又要因应时代的发展革新粤剧。在美国的两年时间里，马师曾大师致力于推广粤剧艺术，并深入钻研电影表演技巧，为粤剧的革新打下了坚实的基础。马师曾持有前卫的思想，容易接受新事物，他认识到电影与舞台艺术的竞争日趋激烈，粤剧表演者若故步自封，必将遭受惨重的失败。因此，他积极寻求变革，以适应时代的需求。他在粤剧改编现代戏剧上进行了不少尝试，深受观众欢迎。马师曾在20世纪40年代初首次将《驯悍记》改编成粤剧《刁蛮公主憨驸马》。有人认为《刁蛮公主憨驸马》的编撰是他从原著《驯悍记》直接获得启发的成果，也有人认为他是在美国百老汇和银屏看了热门剧目《驯悍记》后获取了灵感[①]。马师曾认为，革新粤剧可以仿效外国文化的长处，正所谓"他山之石，可以攻玉"；但是必须保存和巩固粤剧的精华，即最原始的粤剧味，这是他创作《刁蛮公主憨驸马》的指导思想。

---

① 陈琳，张恒. 粤剧《刁蛮公主憨驸马》对《驯悍记》的跨文化改编[J]. 英语广场，2015（12）：53-55.

4.4.2.3 粤剧固有特点与《驯悍记》不谋而合

粤剧兼容并蓄的特点也为《驯悍记》的跨文化改编奠定基础。粤剧向来就有重视和发展生旦戏的传统。生和旦是中国戏曲中分别扮演男性和女性角色的行当。来自广东粤剧院的梁永健也曾经提到：粤剧剧目生旦戏最多、重视唱功、文戏多于武戏；粤剧一般从现实生活中借题取材，在过去成为普罗大众最喜闻乐见的艺术形式①。民国时期，开戏师傅以编撰粤剧剧本为业，所编剧目大多是情节精巧曲折的生旦戏，而粤剧唱腔婉转跌宕，特别适合演绎爱情故事。《驯悍记》以男女主角的矛盾和爱情为主线，讲述了精明的彼特鲁乔对彪悍的富家女凯瑟琳娜进行改造，巧妙地使用"以暴制暴"的方法，成功地让凯瑟琳娜成为温柔贤惠的妻子的故事。一般来说，中国戏曲重"写意"，西方戏剧重"写实"。粤剧表演艺术在发展生旦戏方面，善于从西方电影和话剧中吸取经验，选择比较贴近生活的题材以及比较写实的表演方式。《驯悍记》的爱情喜剧情节就比较适合改编成生旦戏，与粤剧在生旦戏发展理念方面正好不谋而合。因此，马师曾从当时西方热门剧《驯悍记》中取材就显得顺理成章了。

4.4.3 《刁蛮公主戆驸马》对《驯悍记》进行改编的跨文化传播策略

《刁蛮公主戆驸马》的历史背景、时间和人物都是虚构的。该剧讲述了凤霞公主与孟飞雄这对欢喜冤家使出浑身解数、斗智斗勇，最后喜结连理的故事。那么，马师曾对莎士比亚戏剧的跨文化改编实践优点何在？《刁蛮公主戆驸马》是如何借鉴《驯悍记》并对其进行本土化重建呢？这一实践又达到了怎样的跨文化传播效果呢？

4.4.3.1 以传播效果为目的，吸收莎士比亚戏剧的养分

传播效果表示目标受众对接收的信息在情感、态度、行为等多个层面产生反应②，是检验传播活动是否成功的重要标尺。传播效果是粤剧对西方戏剧进行改编时应首要注意的问题。《刁蛮公主戆驸马》在跨文化改编过程中，特别注重从莎士比亚戏剧中吸收养分，达到了良好的传播效果，具体表现在对驯悍主题的处理上。

（1）《刁蛮公主戆驸马》对驯悍主题的处理突破中国戏曲传统

《刁蛮公主戆驸马》全剧抓住了公主和驸马之间的矛盾主线，也就是"驯悍"去安排人物和组织情节。"驯悍"这一主题在中国文学史上偶有出现，不

---

① 梁永健. 粤剧传统的继承和艺术创造［J］. 戏剧之家，2017（11）：38.
② 哈罗德·拉斯韦尔. 社会传播的结构与功能［M］. 北京：中国传媒大学出版社，2013：35-36.

少古典戏曲作品均有所涉及。明朝戏曲家汪廷纳所创作的《狮吼记》便是其中之一。河东柳月娥是个野蛮妻子，比较暴戾，经常虐待丈夫陈季常，例如，罚其跪、膝杖加其身、绳子系其脚等。有学者曾经指出，中西戏剧悍妇形象不同点有两个：其一，女性形象性格特征不同①。中国悍妇一般都具有脸谱化特征，其性格比较"恶"。夫弱妻恶，夫如何驯妻？像《狮吼记》这样驯悍主题的戏曲作品往往集中火力对夫弱妻恶加以渲染，情节较为模式化、人物比较扁平化，缺乏对个体性格的深入挖掘。西方戏剧中的悍妇大多数具备复杂的个性化特征，难以简单地以善与恶来区分：她们不仅貌美如花，也极富智慧、胆色和谋略；她们虽然强悍骄横，但会进行自我反思与忏悔。其二，驯悍方式不同。在中国的戏剧中，丈夫通常柔弱惧内，基本需要借助外在的震慑力量，因此，实际上是由局外人来驯化。这种编排方式较为符合中国封建社会中下层知识分子的自怜情绪。而在西方戏剧里，驯悍的就是丈夫本人。《驯悍记》中的彼特鲁乔不是懦夫，当初伪装的懦弱形象也出于"驯悍"目的。这两点差异表明了传统中国驯悍作品颠覆"妻以夫为纲"的男权主义伦理秩序，恰好"符合中国戏曲在艺术表达上高度程序化和类型化的特点"②。

与一般戏曲传统有所不同，《刁蛮公主憨驸马》对驯悍这个主题的处理手法比较独特。显然，它突破中国戏曲传统，更加接近西方戏剧，这是《刁蛮公主憨驸马》借鉴《驯悍记》并进行异化处理的结果。《刁蛮公主憨驸马》中的凤霞公主不是扁平化人物，她具有相当复杂的个性，与西方戏剧中的悍妇极为相似，颠覆了中国戏曲悍妇形象，这样的改编不能不说是极大的突破。从严格意义上说，传统戏曲人物并非生活中有血有肉的人，因为他们形象大多单色、固态、平面。可是《刁蛮公主憨驸马》着重刻画凤霞的多重性格，这一人物借着皇帝、皇后的万般宠爱，待人处事不免恃宠生娇，刁蛮任性，然而其聪慧睿智又十分惹人怜爱，是一个生动且真实、可爱又可恨的人物。红线女将凤霞这个角色演得惟妙惟肖，将"刁、娇、俏、妙"③的特点融为一体，演活了刁蛮公主。

（2）《刁蛮公主憨驸马》对驯悍主题的处理体现莎士比亚戏剧的人文精神

《刁蛮公主憨驸马》对驯悍主题的处理还蕴含对人性的关怀与探索，正好体现莎士比亚戏剧人文精神。一般来说，中西戏剧改编的前提是必须保留原剧的核心精神，如果在改编时，编剧未能深入领会与掌握原剧本所蕴含的人文精

---

① 刘云霞，张丽花. 中西古典戏剧悍妇型女性形象的比较研究［J］. 名作欣赏，2013（5）：142-144.
② 陈琳，张恒. 粤剧《刁蛮公主憨驸马》对《驯悍记》的跨文化改编［J］. 英语广场，2015（12）：53-55.
③ 冯汉华. 凤霞公主：自由精神的化身——《刁蛮公主憨驸马》观后新感［J］. 五音恋弹，2013（2）：45.

神,则可能导致形似而神非,使改编后的剧本偏离其本质内核,失去原作所承载的灵魂。在此情形下,任何后续的改编创作均将徒劳无益。张申波认为:"精神内核是原著之所以成为经典、历经百年而不衰的原因,是经过了时间的锤炼和历代人民的批判而最终为人们所认同的精神品质"[①]。

《刁蛮公主憨驸马》在改编时尽可能保留了原句的人文精神。《刁蛮公主憨驸马》中的凤霞公主发生转变,主要借助"驯"和"爱"这两个元素。《刁蛮公主憨驸马》在故事情节上突出"斗气",两位主角大斗四个回合:第一回,孟飞雄虽然堂审公主,但公主以皇权获胜;第二回,公主过门,孟飞雄使出黄金锏置于公主头上,逼其跪地求饶,孟飞雄取得胜利;第三回,洞房花烛夜,公主拒驸马于门外,公主又胜;最后一回,庙堂前孟飞雄巧施妙计令公主透露真心,以孟飞雄胜利而告终。男女主角都势均力敌,在这一点上,《刁蛮公主憨驸马》与《驯悍记》极为相似。《驯悍记》中的彼特鲁乔和凯瑟琳娜也有一番精彩斗法,彼特鲁乔不像其他男人那样害怕凯瑟琳娜,初次见面,两人就开始斗嘴,后来,两人甚至还在彼特鲁乔家中互相打斗。《驯悍记》主要使用西方喜剧中惯用的闹剧技巧,而《刁蛮公主憨驸马》移花接木,正好借用了该技巧,男女主角俨然一对欢喜冤家。而且,与中国古典戏剧悍妇弱夫的格局不一样,孟飞雄敢于挑战皇权,在大殿之上审理和批判公主的错误举动,在众臣面前不给她任何情面。《刁蛮公主憨驸马》这样的改编手法有三个作用。第一,表现男主角用智慧促使女主角认识自身的错误。这与《驯悍记》中彼特鲁乔改造妻子的方法如出一辙。在《刁蛮公主憨驸马》中,由于公主的恶意刁难和撒泼任性,驸马孟飞雄才会采用黄金锏打压公主。"驯悍"在《刁蛮公主憨驸马》中是一种对刁蛮无礼的做事方式的教化,非真正意义上的"以暴制暴"。第二,公主和驸马的斗法在能力上、智慧上不相伯仲、旗鼓相当,为两人的幸福婚姻埋下伏笔,预示着他们婚姻幸福的可能性,为故事完美的结局进行了合理的铺排。第三,两人"斗中有爱",只是碍于皇权阶级而"斗法",但不忍心真正伤害对方,这一安排增添了戏剧的浪漫主义色彩。

1929年10月,第一部由莎士比亚作品改编的有声电影《驯悍记》在美国首映。影片中,女主角凯瑟琳娜非常享受男主角彼特鲁乔的亲吻,情节浪漫。马师曾极有可能观看过该电影,并且在编撰《刁蛮公主憨驸马》时加入浪漫的爱情元素,贯穿始终,形成了爱恨交加的情感脉络。马师曾这种戏剧艺术力量的表达,即便是在当下社会也极具感染力。因此,《刁蛮公主憨驸马》不同于一般戏曲,它比较强调人性,而非教条和秩序。

[①] 张申波. 豪门,千金难买——观粤剧《豪门千金》有感[J]. 南国红豆,2011(1):30-31.

4.4.3.2 以目标受众为中心，巩固粤剧的精华

一部戏剧是否深入民心，关键看观众反应。作为信息的接收者，目标受众是影响传播效果的核心因素。如果不好好研究目标受众，不考虑其对信息的需求以及对文本的特殊阅读习惯，就很有可能导致受众以对抗的姿态解读传播者欲传递给他们的信息，最终造成传播失败①。粤剧改编需要把目标受众置于中心地位，充分考虑受众个人需求、特殊偏好以及对粤剧的期待等诸多要素，尽可能创作观众喜闻乐见的剧目。粤剧是否被受众认同，最终关系到粤剧的传播效果。

学者刘炳善在《莎士比亚戏剧与改编》一文中指出，"改编工作乃是艺术上的再创造，并不是粗糙简单的移植"②。《刁蛮公主憨驸马》充分考虑传播学中目标受众这一关键要素，对故事发生的时间、地点、人物和情节进行本土化重建。"戏曲改编外国作品，策略之一为中国化，即将其移植到本国文化背景中，它要求作品必须遵循戏曲审美习惯、注重本土化和符合当代审美诉求"③。《刁蛮公主憨驸马》将故事背景和情节创造性地设置到中国古代帝王将相之家，着重叙述公主和驸马的复杂故事，具有和谐的民族性与并蓄的合理性。

（1）对本土化背景的设计具有和谐的民族性

《驯悍记》这部作品聚焦于新兴资产阶级家庭的描绘，巧妙地将驯悍主题融入资产阶级的思想体系之中，深入探讨了个人主义、自由主义、金钱、爱情以及婚姻等多重话题。《刁蛮公主憨驸马》则改编为对帝王将相家庭的刻画，将驯悍主题置于封建阶级的思想体系和等级观念之下，其核心在于探讨凤霞公主与其丈夫孟飞雄之间的地位与尊卑关系，批判封建等级思想。大婚之日公主要丈夫跪迎，丈夫则要求公主必须先跪夫，互不相让。男主角在挑战等级权威的同时也为自己树立了等级秩序。若两人持续相争，双方的等级矛盾将继续激化、无从化解。《刁蛮公主憨驸马》恰恰借助了千百年来中国"以和为贵"的民族传统思想，这是该粤剧跨文化改编的重要亮点。男女主角能够和好如初，要靠凤霞公主本人的思想转变，体现了儒家"一团和气"的思想是如何成功调解家庭中夫妻权力关系的。《刁蛮公主憨驸马》另一亮点是将"家庭和睦"和"邦国友好"主题紧密联系在一起。在平定北狄西夷侵犯、班师回朝之后，孟飞雄堂审公主，公主反辩。几经波折，公主也意识到武力、暴力实在不能安

---

① 周鸿铎. 应用传播学教程［M］. 北京：中国书籍出版社，2010.
② 刘炳善. 莎士比亚戏剧与改编［J］. 河南大学学报（哲学社会科学版），1988（5）：57-62.
③ 石芳. 若是真心两相映，一时屈膝又何妨——评上戏京剧版《驯悍记》［J］. 上海戏剧，2016（6）：12-13.

邦，唯有以理服人方可安邦齐家。如此一来，《刁蛮公主憨驸马》表现了家庭成员之间、邻邦之间以和为贵的中心思想，独具鲜明的中华民族特色。

（2）对本土化情节的设计具有并蓄的合理性

在情节设计方面，《刁蛮公主憨驸马》兼顾中国传统文化、伦理和风俗习惯等要素，具有并蓄的合理性。马师曾首先结合具体情节对剧名进行一番精心设计。《驯悍记》（*The Taming of the Shrew*）中"驯"的对象就是shrew(悍妇)。在汉语里面，"刁蛮"意为"蛮横狡猾"，但也可以理解为"机灵乖巧"。他巧妙地将"悍"更换成了"刁蛮"。在古代中国封建社会文化语境下，一般妇道人家大门不出、二门不迈，极少与外人接触，更别提可以刁蛮任性了。但凤霞公主是权贵阶级，身份特殊，可以刁蛮，亦可以任性，所以塑造刁蛮公主这个角色具有相当的合理性。另外，马师曾也没有使用原来西方戏剧中的"驯"字。在汉语里，"驯"意为"令人顺服、顺从"，以"马"字为偏旁部首说明该字常用于表达"驯服"之意。《驯悍记》里的彼特鲁乔三番四次捉弄凯瑟琳娜，确能表现"驯"的特征。这个词语如果用于中国文化语境就显得过于暴力，不适合凤霞高贵的公主身份。所以，马师曾以"憨驸马"来取代"驯悍"。"憨"具有褒贬双义，在剧中暗示驸马是一个忠厚、朴实、可靠的丈夫。在中国，憨厚的男人特别招人喜欢，例如金庸武侠小说《射雕英雄传》中的郭靖大侠，憨厚单纯，仗义守诺，惹人喜爱。憨厚不等于呆傻，孟飞雄的性格也比较复杂。他粗犷与细腻并重，刚烈与儒雅兼有，既憨直又诡谲。驸马大显神威，的确教训了公主，但他又不可能直接施暴。因为封建等级制度森严，不可逾越，公主地位必然高于驸马，他必须凭借先皇御赐的黄金锏，即用王权来压制她，所以，《刁蛮公主憨驸马》在情节设计时不能简单照搬或者粗糙移植，而是需要进行二次深度加工，即艺术再创造。《刁蛮公主憨驸马》在这方面的处理相当到位，情节显得合情合理。此外，以公主与驸马为题材的中国传统戏剧亦不在少数，如豫剧《真假驸马》、黄梅戏《女驸马》、京剧《铡美案》等经典剧目都属此列。马师曾在选材上充分考虑了本土观众对于公主驸马剧的喜好与需求，巧妙地将古典与现代元素相结合，对传统的公主和驸马的故事进行了巧妙改编和生动演绎，这不仅丰富了粤剧的艺术内涵，也为粤剧的传播与发展注入了新的活力。

4.4.4 粤剧改编成为跨文化传播的联通点

由西方戏剧改编的粤剧剧目，正因为其精神内涵来自西方戏剧，改编后的粤剧传递出与西方戏剧相似的价值观，更容易被西方受众所理解和接受，也成为了我国粤剧社团出访海外的优选剧目之一。20世纪40年代，由粤剧大师马师曾和卢有容根据莎士比亚戏剧《驯悍记》，结合粤港澳地区的风土人情精心改编制作的《刁蛮公主憨驸马》，由太平剧团首演并成为经久不衰的粤剧剧目，后续很多剧团或戏班也有与时俱进地进行相应改编，其传递的内涵依然不变。改革开放后，中外粤剧交流回归正常化、常规化、持续化的状态。1982年，广州粤剧团前往美国和加拿大做访问演出，给当地戏迷和受众带去了粤剧名伶红线女和秦中英根据马师曾的改编演出版本重新整理排演的《刁蛮公主憨驸马》，获得当地观众的喜爱和好评。《刁蛮公主憨驸马》的剧情与《驯悍记》相似，所传递的精神与西方价值观相同，因此成为中外跨文化传播的联通点。在海外演出时，为了帮助海外受众更加清楚该粤剧剧目，提供了戏剧英文标题和英语简介文本。《刁蛮公主憨驸马》的英语标题翻译为"The Sassy Princess and Her Blunt Husband（Adapted From Shakespeare's Famous Opera *The Taming of the Shrew*）"。这样，让美国和加拿大的受众感到既熟悉又新颖，大大提升了粤剧对于海外受众的吸引力。在观看时，观众好奇粤剧是如何对莎士比亚名剧进行改编的，以及改编得怎么样，也能根据《驯悍记》的情节来紧跟粤剧表演的节奏，不会因为毫不知情而形成一种无形的陌生感。《刁蛮公主憨驸马》正是粤剧把外国戏剧"请进来"后进行本土深加工后又"送出去"的典型代表。

从跨文化传播的角度来看，岭南粤剧对莎士比亚戏剧的跨文化改编，带来的是中西文化的碰撞与融汇，是跨文化传播的一种有益尝试。粤剧《刁蛮公主憨驸马》是一部对莎士比亚戏剧《驯悍记》进行跨文化改编的成功之作，它已随剧传播而流传海外，具有相当的影响力。在改编过程中，《刁蛮公主憨驸马》抓住跨文化交际传播学思想中的"传播效果"和"目标受众"这两个要素，其跨文化传播意义主要体现在两个方面：第一，它借鉴了更加接近现代生活的题材和写实的人物刻画手法，吸取了西方戏剧的艺术精华和神韵——对人性的关怀与反思，拓展了驯悍主题的维度，使其兼备浪漫主义色彩和现代生活气息，这种新鲜感与创造性对于当时的社会文化消费群体极具吸引力，最终达到了传播本国文化、丰富本国艺术的目的；第二，它对西方元素进行了二次深度加工，使其变成具有本土味道的素材，从而达到宣扬中华民族传统文化和巩固粤剧精华的目的，推动了粤剧的传播和发展，有助于粤剧走向世界。正如上海戏剧学院孙惠柱教授所说，"西方经典改编成中国戏曲便有了两层意义：在国内为中国所用，拿西方文化的精华来丰富我们的艺术；走出去为传播中华文化所用，有助于中国戏走向世界"[①]。因此，在与西方戏剧的交流和互动中，粤剧必将升华价值、回归本真、走向世界。

---

① 孙惠柱. 中国戏曲的海外传播与接受之反思[J]. 中国文艺评论，2016（3）：51-59.

4.5 小结

粤剧是岭南文化在海外传播与交流中一朵璀璨夺目的奇葩。由于广东地处沿海，有不少广东人往海外谋生和居住，从而促进了粤剧在海外的传播与传承。粤剧作为一种文化艺术，其传播与发展离不开它所在的文化生态环境。粤剧跟随着喜爱它的观众漂洋过海，从地处亚热带的两广地区，到地处热带的东南亚地区各国、太平洋环绕着的夏威夷岛以及北美洲东西海岸等地，到处可见它的倩影。地理与气候的变化以及政治、经济、社会等文化因素影响着粤剧在当地的发展和流变。随着第二代、第三代粤侨在海外出生，粤剧依然得到了很好的传承，粤侨兴建戏院从国内重金聘请粤剧大老倌到海外演出。但是，由于受到所处的海外多元文化冲击，第四代、第五代粤侨渐渐远离家乡文化，粤剧文化逐渐被边缘化。为了适应不断变化的海外传播环境，粤剧自身不断经历选择性变化，以便适应新的文化生态环境。面对不同的传播生态环境，粤剧通过采用不同的表演内容、表演形式、传播方式、传播途径以求在海外生存与传播。通过将海外戏剧"请进来"，学习海外戏剧传播的秘笈，粤剧的"对内传承"与"对外传播"相互契合，其精粹得以传承，文化根脉得以保留，从而促进了粤剧在海内外的传播，并使其为海外观众所接受。

5 "数智时代"粤剧传播与流变新趋势

文化与旅游部于2020年11月颁发了《关于推动数字文化产业高质量发展的意见》，明确了利用数字技术的新形式新要素对文化资源进行数字化转化和开发，引导和支持虚拟现实、增强现实、5G+4K/8K超高清、无人机等技术在文化领域应用，让优秀文化资源借助数字技术"活起来"，实现创造性转化和创新性发展[①]。中国互联网络信息中心（CNNIC）自1997年起每半年发布一次《中国互联网络发展状况统计报告》。该报告指出，自2014年以来，中国移动端（手机）网民比例已经超过传统PC端网民比例。截至2023年12月，我国网民规模达10.92亿人，每周人均上网时长为26.1小时，互联网普及率达77.5%[②]。随着互联网、移动终端、大数据和人工智能等技术的发展和普及，当前信息传播进入智能媒体时代，用户喜欢碎片化和多元化的信息，追求个性化的适时体验。粤剧文化的传承离不开传播，只有让更多人接触、了解粤剧，对粤剧产生兴趣，才有积极保护和传承粤剧的可能。在智能媒体时代，粤剧利用移动互联网技术、数字技术、新媒体等智能化新型传播模式能有效地打破空间和时间的局限，拓宽传播途径、提高传播效率和增强传播效果，有助于促进传统戏剧寻求有效传播的新途径，对我国非物质文化遗产的传承与发展具有重要意义。

5.1 智能媒体背景下粤剧的海外传播与流变

随着互联网技术的飞速发展，信息传播的空间得到了大大的拓展，信息传播的途径也发生了巨大的变化。从国内的微信、微博到国外的Facebook、Instagram，从短视频传播到视频直播，日新月异的新媒体技术给粤剧海外传播提供了更广泛的平台。

5.1.1 新媒体时代粤剧海外传播面临的挑战

5.1.1.1 传播媒介不断创新

传统媒体和新媒体共同推动了粤剧在海外的传播。早期的粤剧海外传播，

[①] 文化和旅游部. 文化和旅游部关于推动数字文化产业高质量发展的意见［EB/OL］. 2020-11-18［2023-11-28］. https://zwgk.mct.gov.cn/zfxxgkml/cyfz/202012/t20201206_916978.html.
[②] 中国互联网络信息中心（CNNIC）. 第53次中国互联网络发展状况统计报告［EB/OL］. 2024-03-22［2024-03-28］. https://www.cnnic.net.cn/n4/2024/0322/c88-10964.html.

主要通过现场舞台演出。后随着报纸、杂志、广播、电影、电视等媒介的出现，出现了粤剧戏桥、粤剧广告、粤剧海报、粤剧唱片，粤剧被拍摄成电影和电视剧，使粤剧的传播突破了舞台演出的空间局限，被广泛传播至千家万户。这种具有视听功能的传播媒介不仅拉近了粤剧与海外观众之间的物理距离，更在文化交流层面促进了粤剧在海外市场的传播，并对其产生了积极的影响。在粤剧海外传播的黄金时代，《搜书院》《西厢记》《帝女花》等粤剧电影曾在东南亚国家风靡一时，有效地促进了粤剧在当地的传播与发展。在网络数字智能媒体时代，基于智能手机的APP、多种社交媒体平台等传播媒介成为当代粤剧海外传播的重要方式，是粤剧网络数字化传播的主要途径。例如，从中国戏剧网、粤剧艺术博物馆官网等都能查阅到文字、音频、视频等粤剧相关网络资料。除此之外，国内外的搜索引擎、社交平台网站、在线播放媒介等也能搜索到粤剧的相关资源。智能媒体时代不断更新的数字媒体技术让粤剧网络传播更加便捷和及时。

5.1.1.2 受众需求不断变化

网络快速传播是新媒体时代的主要特征之一。在网络化、数字化、智能化时代，粤剧海外受众有相当一部分是通过新媒体获取粤剧文化的网络受众。因此，新媒体时代的粤剧海外传播必须重视网络传播受众的需求特点。

（1）网络受众喜参与

新媒体时代，信息快速传播，而多元化的传播方式使受众乐于参与其中并与众分享。网络受众喜欢参与网络信息热点而发表自己的想法，渴望有话语权。早期轰动互联网的"冰桶挑战"渐冻人公益活动，之所以引起了广大网络受众的注意，就是因为广大网络受众积极参与并为之转发传播才引起公众对"渐冻人"这一罕见疾病的关注。因此，粤剧文化的传播需要充分利用新媒体时代受众强烈的参与意识，创建受众感兴趣的文化话题或热点。

（2）网络受众爱分享

当代网络受众爱分享，而新媒体时代的出现，让受众的这一需求特征更加明显。分享能让人在某种程度上得到满足，分享越多，满足感越强。网络受众常见的分享方式包括转发分享内容、评论话题分享观点、发送视频弹幕分享感受等。在当下新媒体蓬勃发展的时代背景下，公众所能接触到的信息类型日趋丰富，同时获取信息的渠道也在不断延展。这种变化使得公众对于分享信息的渴望越发强烈，他们倾向于将自身感兴趣的内容分享传播给周围的人。由此可见，新媒体的出现使得受众的分享需求更加显著和迫切[①]。

---

① 赵云龙."全媒体时代"受众需求特点及其传播对策探析［J］. 赤峰学院学报，2011（5）：116-117.

5.1.2 新媒体时代粤剧海外传播存在的问题

国家不断深化的改革开放政策和快速发展的新媒体技术无疑给粤剧的海外传播带来了新机遇；但是，粤剧的海外传播也存在着亟须解决的现实问题和困难，包括主体传播意识薄弱、传播媒介单一、相关人才不足、外译力度不足等。

5.1.2.1 传播意识薄弱

众所周知，粤剧的传播主体主要为粤剧演员，但随着老一辈粤剧艺术家、表演家等退休，新一代粤剧从业人员减少，粤剧的传播主体难免出现青黄不接的现象。经观察发现，部分资深的著名粤剧表演艺术家们的生活及思维模式与当代传播方式及节奏存在较大的差异，这在一定程度上阻碍了他们有效运用新媒体技术进行粤剧传播。另外，尽管从事粤剧相关工作的人员并非粤剧传播的核心力量，但作为了解粤剧的主要群体之一，其传播意识相对薄弱，大部分人员缺乏主动传播粤剧文化的意识，更鲜有采用新媒体渠道进行粤剧文化的广泛传播。

5.1.2.2 传播媒介单一

近几年，随着中国改革开放程度不断深化，国家或者地方政府大力支持中国传统戏曲文化走出国门。但总体而言，粤剧的海外传播效果并未能得到提升[1]。当前粤剧主要传播媒介为大众传播媒体，传播方式单一，传播渠道有限。采用现场表演的传播方式需耗费大量的人力、物力和财力，具有明显的传播单一性。国内粤剧研究学者、国内粤剧受众也难以从其他渠道获得与粤剧传播相关的信息资料。目前粤剧在海外传播过程中存在的相关信息报道不足、信息传播覆盖面狭窄等问题，均严重阻碍了海外受众对粤剧艺术和文化的认知与接纳。因此，在新媒体时代背景下，传承与发展粤剧需积极创新海外传播的方式，拓宽传播渠道，以有效地推动粤剧在海外的传播。

5.1.2.3 相关人才缺乏

随着极具才华的老一代编剧离开粤剧界，粤剧创作相关人才出现断层，从而导致粤剧精品创作的匮乏，在一定程度上阻碍了粤剧的海外传播。此外，由于海外受众有着不同的语言、文化、思维习惯等，这对海外受众了解和接受粤剧构成了一定的障碍。在推动粤剧在国际传播的过程中，迫切需要既了解粤剧

---

[1] 曹瑞斓. 当代黄梅戏海外传播研究[J]. 江淮论坛, 2016（4）: 147–149.

艺术文化内涵，又熟悉海外文化的粤剧行业从业人员，以及具备扎实的中外语言能力且对粤剧戏曲文化有深入理解的翻译人才。但是，这些人才非常有限，懂粤剧的艺人不擅外语，懂外语的人才不一定了解粤剧戏曲文化。我国香港特别行政区作为粤剧传播的主要阵地，由于中英双语均为官方语言，精通双语和粤剧及西方文化的人员相对多一些，但目前内地这类人才非常匮乏。

5.1.2.4 外译力度不足

粤剧外译人才的缺乏必定会导致粤剧的外译力度不足，以及粤剧文本英译材料不足，具体为粤剧著名剧目、著名表演艺术家、粤剧发展动态等相关的外译资料均不足，从而导致粤剧相关的英文网站、英文传播平台等建设滞后。即使现在的AI智能GPT技术提供了ChatGPT的功能，AI智能可以快速地进行粤剧相关资料的网络搜索、整合并展现给受众，但前提是有足够多的粤剧外译语料提供给AI智能机器人学习。粤剧的外译力度不足，这在很大程度上制约了海外观众对粤剧的认知、学习和欣赏，进而影响了粤剧在海外的接受度，这不仅对粤剧的国际交流和合作构成了限制，也不利于粤剧的海外传播与推介。

5.1.3 新媒体时代粤剧海外传播对策

在新媒体技术发展的推动下，在粤剧爱好者的努力下，虽说当代粤剧的海外传播已取得一定的成效，但相比其他戏曲，如京剧、昆曲，粤剧的国际影响力还需要继续提高。为了积极响应我国大力支持和鼓励中华优秀传统文化"走出去"的号召，粤剧的海外传播不仅要与时俱进，不断创新，更要充分利用新媒体技术进一步促进传播。

5.1.3.1 拓展粤剧传播媒介

随着互联网、智能手机等新媒体技术的快速发展，信息传播媒介、传播方式层出不穷。如国内的微博、微信、抖音、快手以及国外的Instagram、Facebook、YouTube、TikTok等新兴媒介蓬勃发展，其中微信是全球用户数量最多、使用最广泛的社交应用程序之一。据相关数据统计，截至2023年第四季度，中国社交网络平台微信拥有超过13.43亿用户；海外民众喜欢使用的社交网络平台Facebook的每月活跃用户数量已经超过30亿，全球用户日活跃量已经达到23.6亿；受到全球年轻人喜欢的海外短视频分享平台TikTok，截至2023年底，已经拥有16.77亿用户，月活跃用户总数达11亿。利用社交媒体软件，不但可以添加好友，还可以创建群聊，与有共同爱好的好友进行交流，分享资讯，并且支持单人、多人参与互动，发送和交换文字、图片、语音以及视频等。

新媒体时代,粤剧的海外传播必须与时俱进,充分利用数字技术的新媒体传播优势。专业的粤剧团如广东粤剧院及管辖下的各级粤剧团,可以开发建设自己的中英文网站,成为国内外主流的社交平台企业会员,充分利用官方网站和社交平台向广大网络受众普及粤剧文化知识,宣传推介粤剧演出活动。鼓励粤剧艺术家、粤剧行业工作人员、粤剧爱好者开通主流社交媒体账号,如微博或者微信公众号,增强他们的粤剧传播意识,促使他们多与受众互动,进一步了解受众实际需求以及观看感受,从而有助于粤剧剧目创作创新。同时,无论是粤剧行业从业人员,还是粤剧爱好者,都应该善于利用这些传播媒介,推动粤剧的双语传播。粤剧,这门独特的艺术,以广府方言演唱,其受众群体不应仅局限于广府人民,应当是广泛而多元。粤剧应面向全球范围内的粤籍华人及其后代,甚至是其他热爱粤剧的海外人士,无论他们的国籍、语言有何差异,都应有机会欣赏到粤剧的独特魅力。这样,海外观众在欣赏粤剧的同时,能够感受到粤剧文化的魅力,激发对粤剧的兴趣,从而有效地推动粤剧在海外的传播。

5.1.3.2 创新粤剧传播内容

随着粤剧受众的老年化,无论是国内,还是海外,年轻受众成为粤剧文化力争的主要受众群体。然而,在新媒体时代的浪潮下成长的Z世代(Z世代也称"网生代",是一个网络流行语,通常是指1995年至2009年出生的一代人)年轻人,已习惯于"碎片化娱乐"的模式,他们热衷于短视频、网络游戏、动漫等数字化娱乐方式。因此,如何有效地利用新媒体,为粤剧这一传统艺术形式吸引年轻受众群体的关注,值得深入探讨和多种尝试。著名粤剧艺术家红线女曾于2004年策划粤剧动画片《刁蛮公主憨驸马》的制作并为其配音,其一上映就深受青少年喜爱。为了迎合我国年轻受众的喜好来普及粤剧文化,梅花奖得主、国家一级演员陈韵红和蒋文端在我国年轻人喜欢聚集的综合性视频社区网站"bilibili"(哔哩哔哩)开设了视频账号"师傅驾到",以轻松的形式指引年轻受众领略粤剧文化的魅力,推动粤剧传统文化精粹的传播传承。截至2023年底,视频账号"师傅驾到"已经上传100多个原创视频,总播放数超过160万、粉丝数2.8万、获赞数超过32万。这些例子充分证明:如果能够利用新媒体,能够注重剧本创作,能够创新传播内容,那么,像粤剧这样的传统戏曲文化也会受到青少年受众的喜爱。因此,为了吸引海内外年轻受众和扩大受众范围,粤剧海外传播须充分利用新媒体,把传统的粤剧戏曲特征与当代年轻受众的特征相结合,对现有的粤剧剧本进行改编,在保留粤剧原有文化元素基础上,融入新媒体,创新传播途径。同时在各大社交媒体平台创建粤剧文化的传播账号,如粤剧文化公众号、粤剧微博账号、粤剧抖音短视频账号等,对粤剧相关背景资料、粤剧典故、服饰装扮、剧本创作等进行双语传播,助力海外受众更好地了解和接受粤剧,提升粤剧海外传播的效果。

5.1.3.3 提升传播效果

新媒体在推动粤剧海外传播及提升其国际影响力方面扮演着重要角色。它除了能把粤剧传播到海外面向国外受众,还可以对身处国内的外国受众加强传播。其中,吸引来华留学生国外参与粤剧文化的推广与传承,是增强粤剧国际影响力的重要传播途径之一。粤剧类学校或团体可以通过移动网络平台,推出与粤剧相关的慕课和微课,使这些课程内容能够深入来华留学生群体之中,并在他们之间实现有效传播。留学生在选修这些课程的过程中,将逐渐了解和认识粤剧文化,亲身感受粤剧戏曲艺术的独特魅力。一旦他们成为粤剧的受众,便可进一步培养他们成为粤剧海外传播的重要力量,将粤剧的文化魅力传播给他们的家人和朋友,从而实现粤剧文化更广泛的传播。由于存在语言和文化差异,粤剧文化在海外的传播必定会受到限制,受众面窄。因此,粤港澳大湾区的粤剧文化单位可以与海外戏剧学院合作开设粤剧课程,加强粤剧国际文化交流,联合当地文化组织共同举办粤剧演出活动,加强粤剧的对外宣传,促进粤剧走出国门,让更多的海外受众认识、了解和接受粤剧,从而提升粤剧的国际影响力。

5.1.3.4 创新外译方式

加强对粤剧剧本、剧目简介以及演出资料等粤剧文本的译介研究,创新外译方式进行翻译传播,是推进粤剧海外传播的关键举措之一;为了让国外受众了解粤剧、欣赏粤剧,只有做好粤剧外译工作,尤其是英译工作,才能更好更有效地促进粤剧的海外传播[1]。首先,由于外译人才不足,要重视粤剧翻译人才的培养。粤剧文化单位要与高校合作,支持鼓励高校外语人才致力于粤剧翻译研究与服务。目前,香港地区高校的粤剧研究项目已经完成部分粤剧剧目的翻译。其次,要把新媒体技术融入粤剧的外译服务中。众所周知,科大讯飞研发的翻译机让国人海外出行、旅游非常便利。讯飞翻译机支持200多种语言,支持人工实时翻译、对话翻译、拍照翻译等模式。因此,为了扩大粤剧海外传播的影响力,粤剧研究相关部门应大胆尝试与科大讯飞等龙头企业合作,共同

---

① 陈志民. 论潮汕文化海外传播的创新思维[J]. 汕头大学学报(人文社会科学版),2015(4):35-41,95.

研发、创新粤剧外译作品。例如，在播放粤剧的同时设置相对应的不同语种字幕，播放完毕后提供粤剧背景知识、典故、经典对白等的译文供海外受众进一步学习和欣赏粤剧，提升粤剧传播效果。

5.2 粤剧通过线上渠道传播的可行性研究

作为联合国教科文组织人类非物质文化遗产的中国传统戏剧，京剧、昆曲、粤剧等传统戏曲在全世界备受欢迎。在我国，很多粤剧爱好者（以中老年人为主）以传统戏曲作为精神寄托，他们常常到户外公园、室内KTV歌厅等开展线下聚唱聚演活动。对于粤剧爱好者来说，能有三五歌友相聚在一起演唱传统戏曲是他们迫切的需求。据《广州日报》记者调查，截至2019年，广州的粤剧、粤曲私伙局超过1300个，成为广州大小社区粤剧爱好者的休闲娱乐好聚处。除了线下聚唱聚演粤剧、粤曲，智能手机和移动互联网结合，给粤剧爱好者提供了多种粤剧线上传播渠道，开展戏曲演唱活动。粤剧爱好者是否接受通过线上资源和平台传播粤剧呢？笔者选择了在粤剧爱好者中逐渐流行起来的线上渠道"云端KTV"作为例子（"云端KTV"指代那些可以开展点歌、演唱、对唱、合唱、录播等多种演艺活动的线上应用程序），探知粤剧爱好者对于智能媒体时代产物的接受度如何，应该怎样利用线上渠道来促进粤剧的海内外传播。

5.2.1 研究背景

艾媒咨询发布的《2021年中国在线K歌产业发展专题研究报告》显示，2021年中国在线K歌用户规模约为5.1亿，以"全民K歌"为例，2023年其用户数量达4.6亿，中老年人用户数占其一席之地，45～59岁人士占20.9%，60岁及以上人士占18.6%[①]。现有的"云端KTV"主要分为三种：第一，针对大众的全民型演唱平台。例如，腾讯官方平台推出的"全民K歌"，是一个以腾讯用户为主的大众化平台；酷狗推出的全面演唱平台"酷狗唱唱"也属于这种类型。第二，针对年轻人的交友型演唱平台。例如，以"找高端唱友"为噱头，主要功能以"唱友"和"陪唱"为主的"撕歌"，以及以制作音乐视频为主的"红人秀"等。第三，超小众的专业教唱平台。例如，"跟我学唱歌""央音在线""声乐家"等。

传统戏曲的演唱有特定的要求，在歌曲形式上，大部分是两人或多人对唱，需要同伴配合，如果没有同伴配合的话，很难完成整首戏曲的演唱；在

---

① 艾媒咨询. 2021年中国在线K歌产业发展专题研究报告［EB/OL］. 2021-12-07［2022-11-01］. https://data.iimedia.cn/data-classification/theme/44288058.html

歌唱方式上，传统戏曲跟流行曲不一样，它的角色、唱腔和唱法均不同。例如，粤剧中最常见的"分角而唱"——男角唱平喉、女角唱子喉则需要两个人合作，因为一个人难以掌握，也不擅长不同的唱法。因此，粤剧爱好者有着寻找同伴共唱一曲的强烈需求。但是，目前没有专门针对粤剧爱好者的"云端KTV"，粤剧爱好者虽然可以使用市面上的"云端KTV"演唱，但已有的"云端KTV"主要服务对象是喜欢流行音乐的年轻人，而非喜欢传统戏曲的中老年人，功能设置上缺乏针对性；并且两人线上对唱戏曲时，会不时出现"延迟"现象，即一人唱完一句后，另一人本应该接唱下一句，但由于网络传输延迟了一两秒，网络另一端的同伴接唱也"迟到"了，影响了线上合唱的效果，也间接影响了传统戏曲爱好者的心情，这使得"云端KTV"的体验效果大打折扣。

基于上述分析，"云端KTV"可以部分满足粤剧爱好者的需求，如约找戏友或者相约同伴进入"K歌房间"进行"云合唱"。但是，由于他们大部分是中老年人，对于智能手机、手机APP的接受和使用均存在不确定性等因素，"云端KTV"能否被传统戏曲爱好者接受？人们对其接受程度如何？其能否真正满足粤剧爱好者"云端共聚、合唱戏曲"的需求？其能否持续吸引粤剧爱好者长期使用？因此，本研究基于整合技术接受模型（UTAUT），探索影响传统戏曲爱好者持续使用"云端KTV"的意愿的因素。研究结果可为"云端KTV"平台方提供参考建议，助力优化APP平台，提高中老年人精神体验感，为他们实现幸福美好生活贡献力量。

5.2.2 研究理论及研究设计

5.2.2.1 理论基础模型：UTAUT

整合技术接受与使用模型UTAUT（Unified Theory of Acceptance and Use of Technology）主要用于研究用户对新技术的接受行为。该理论模型由Venkatesh等（2003）针对技术接受行为研究领域常见的8种模型（TRA、TAM/TAM2、MM、TPB /DTPB、C-TAM-TPB、MPCU、IDT、SCT）进行整合后得出，从而提高模型对技术接受行为研究的解释能力和对用户行为的解释能力[①]。UTAUT模型主要包括四大核心要素：绩效期望、努力期望、社会影响、便利条件，以及四个调节变量：年龄、性别、经验和自愿性，被学者们广泛应用于计算机科学信息系统（例，Ayaz & Yanarta, 2020）、教育学（例，Kayali &

[①] Venkatesh V, Morris MG, Davis GB, et al. User Acceptance of Information Technology: Toward a Unified View [J]. MIS Quarterly, 2003, 27（3）: 425-478.

Alaaraj，2020）和管理学（例，Raza, Shah & Ali, 2018）等领域，主要用于解释消费者对新兴技术的行为意向，例如，该理论的提出者Venkatesh最新的研究（2022）提出，研究人员如果能将UTAUT模型用于研究人工智能（AI）的最新技术，将有助于企业了解顾客采用这项技术的意愿[①]，在文献方面也能做出突出贡献。已有的多项研究表明，UTAUT可以用于解释用户对计算机应用程序（或手机APP）的接受意愿。但是，笔者搜索研究文献发现，尚没有学者将该模型应用于传统戏曲爱好者对"云端KTV"的接受意愿的研究。本研究将拓展该模型的研究领域，验证新场景下的适用性，为粤剧的网络数字传播的可行性提供参考建议。

5.2.2.2 相关变量调整

UTAUT模型初始阶段主要针对企业背景下员工对新技术的接受情况的调查而设置，后续才逐渐应用于企业和个人层面的技术接受的研究。为了适应消费者使用情景，研究消费者对新技术的接受程度，进一步拓展UTAUT模型的适用范围和解释能力，部分学者根据研究所需，在UTAUT模型的基础上引入新的要素，对理论边界进行扩展，增强模型的解释能力[②]。例如，许鑫、孙亚薇（2017）以UTAUT作为理论研究框架，结合非物质文化遗产数字传播的特点，考虑到非物质文化遗产在数字传播的过程中所应用到的各项技术要求公众具有一定的科学文化素养和鉴赏能力，增加"学历"这个调节变量，构成合适的影响因素模型，探讨学历高低对人们对非遗的关注度和对相关技术使用情况的影响度[③]。薛可、鲁晓天（2020）基于UTAUT模型，探讨青少年对传统戏剧类非遗短视频的观看意愿时，将"绩效期望"细分为"知识期望、审美期望、享乐期望和社交期望"[④]。因此，笔者基于研究所需，对UTAUT模型调整相关变量，构建合适的研究模型。

（1）删除UTAUT模型的4个调节变量

在4个调节变量中，由于传统戏曲爱好者以中老年人，特别是老年人为主（后续的调查结果与此设想吻合），年龄差别比较小，模型中可以忽略此调节变量；在性别上，虽然Venkatesh团队认为男性比女性更愿意花精力克服限制

[①] Venkatesh V. Adoption and Use of AI Tools: a Pesearch Agenda Grounded in UTAUT [J]. Annals of Operations Research, 2022, 308（1）: 641-652.
[②] Williams MD, Rana NP, Dwivedi YK. The Unified Theory of Acceptance and use of Technology (UTAUT): A Literature Review [J]. Journal of Enterprise Information Management, 2015, 28（3）: 443-488.
[③] 许鑫, 孙亚薇. 非遗数字传播中的信息技术采纳研究 [J]. 图书与情报, 2017（6）: 133-140.
[④] 薛可, 鲁晓天. 传统戏剧类非遗短视频青少年观看意愿的影响因素——以皮影短视频为例 [J]. 中南民族大学学报（人文社会科学版）, 2020, 40（6）: 67-73.

和困难，在使用新技术时会相对地较少依赖便利条件，然而，随着信息技术的发展，10年后的现代社会，智能手机普及使得性别的差异作用在信息技术领域越发不明显。笔者认为，性别差异对传统戏曲爱好者接受"云端KTV"的差异影响不大，故删除性别调节变量。对于中老年传统戏曲爱好者来说，使用"云端KTV"唱演戏曲，属于新尝试，可以获得的经验借鉴和使用的内在自愿性较少，因此，经验和自愿性的调节作用在本研究中也不大，不予保留。

（2）增加个人创新性作为核心要素

个人创新性是指个体对新观念、新事物或新技术主动接受的能力和态度（Hirschman, 1980）[①]。虽然个人创新性尚未成为UTAUT模型中的固定变量，但其作为一项新产品或创新技术的接受意愿的重要预测因素已经得到研究学界的验证，这一概念也成为市场营销行业的重要参考。例如，国内学者胡德华等（2019）在研究大学生对健康类APP的接受意愿时，在UTAUT模型中加入了"个人创新性"构筑研究模型，其研究结果显示，个人创新性对健康类APP的使用意愿产生正向影响[②]。杨秋霞（2021）基于UTAUT模型研究老年人对健康管理系统的接受度时认为，需要加入"感知风险"和"个人创新性"这两个影响因素[③]。部分国外学者的研究发现，个人创新性显著积极影响移动服务系统的使用态度，如Kim和Son（2022）的研究表明，个人创新性显著积极影响消费者对AI金融服务系统的接受意愿[④]。

但是，文献研究发现，大多数国内外学者将个人创新性作为用户行为意愿或行为态度的预测因素，极少数研究人员将其作为UTAUT模型的前置因素进行研究。事实上，从逻辑上来讲，个人创新性作为个体对新事物的尝试欲望可以视为个体本身的一种特质，可能影响个体对新技术的有用性（绩效期望）、易用性（努力期望）的感知（例，Cao等，2017）[⑤]，也可以影响个体受社会和便利条件影响的效果。该研究将个人创新性作为该模型的前置因素进行研究是一个理论创新的尝试，将为UTAUT的后续研究提供新的方向和角度。

[①] Hirschman E C. Innovativeness, Novelty Seeking, and Consumer Creativity [J]. The Journal of Consumer Research, 1980（03）: 283-295.
[②] 胡德华，张彦斐. 基于UTAUT的大学生健康类APP使用影响因素研究 [J]. 图书馆, 2019（3）: 63-68.
[③] 杨秋霞. 基于UTAUT模型的老年人健康管理系统接受度的影响因素研究 [D]. 兰州: 甘肃中医药大学, 2021.
[④] Kim S M, Son Y D. A Study on the Intention of Financial Consumers to Accept AI Services Using UTAUT Model [J]. Journal of Korean Society for Quality Management, 2022（1）: 43-61.
[⑤] Cao J, Shang Y, Mok Q, et al. The Impact of Personal Innovativeness on the Intention to Use Cloud Classroom: An Empirical Study in China [J]. In International Conference on Technology in Education. Singapore: Springer, 2019: 179-188.

5.2.2.3 模型构建

（1）研究模型

综上所述，这里在UTAUT模型的基础上构建了传统戏曲爱好者持续使用"云端KTV"唱演戏曲的意愿与行为的研究模型（图5-1）。

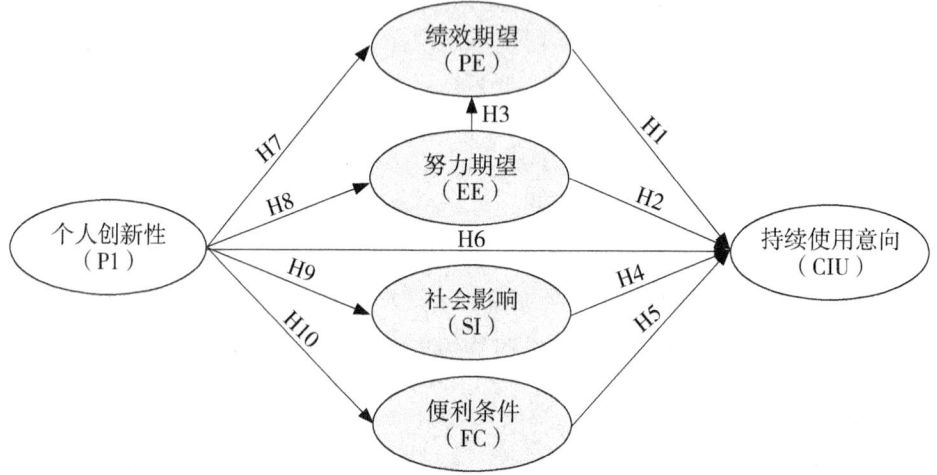

图5-1　传统戏曲爱好者持续使用"云端KTV"演唱戏曲的意愿模型

（2）变量定义及研究假设

①绩效期望（performance expectancy，PE）是指传统戏曲爱好者使用"云端KTV"唱演戏曲所获得的感知有用性，包括找到线上的合唱伙伴、提高传统戏曲唱演水平等，以弥补传统戏曲爱好者无法线下相聚进行欢唱的缺陷。对于传统戏曲爱好者来说，若"云端KTV"能够解决他们无法一起唱演戏曲的痛点，他们自然会更愿意尝试并可能长期使用"云端KTV"。

因此，提出假设H1：绩效期望对传统戏曲爱好者持续使用"云端KTV"的意愿有正向影响。

②努力期望（effort expectancy，EE）是指传统戏曲爱好者使用"云端KTV"唱演戏曲时的容易程度以及所需要的努力程度。由于传统戏曲爱好者大部分是中老年人，智能手机、手机APP均属于新鲜事物，感知易用性显得特别重要。努力期望在于"云端KTV"的安装过程、页面设置、功能操作等是否简单易懂、操作简便，如果"云端KTV"程序简单且容易操作，以中老年人为主的传统戏曲爱好者会更乐于使用，在使用过程中他们也会更容易发现该操作系统的有用性。

因此，提出假设H2：努力期望对传统戏曲爱好者持续使用"云端KTV"的意愿有正向影响；H3：努力期望对传统戏曲爱好者持续使用"云端KTV"的绩效期望有正向影响。

③社会影响（social influence，SI）是指传统戏曲爱好者受到唱友们的影响而使用移动APP的程度，即唱友们有否推荐、鼓励和支持同伴们一起使用"云端KTV"唱演戏曲。传统戏曲的唱法主要为对唱，需要同伴合作。当传统戏曲爱好者周围的朋友、伙伴们对使用"云端KTV"唱演戏曲持肯定或积极态度时，传统戏曲爱好者将直接受到朋辈的影响，就会尝试使用新的移动软件唱演戏曲。

因此，提出假设H4：社会影响对传统戏曲爱好者持续使用"云端KTV"的意愿有正向影响。

④便利条件（facilitating conditions，FC）是指传统戏曲爱好者在使用"云端KTV"过程中所拥有的条件以及能获得的技术基础设施的支持程度。一方面，传统戏曲爱好者所具备的便利条件越好，例如，智能手机的性能好、网络连接稳定快速等，传统戏曲爱好者接纳和使用"云端KTV"的意愿则越高。另一方面，如果"云端KTV"应用程序能够给用户提供程序软件使用的技术支持，快速响应处理出现的问题，也能帮助提升传统戏曲爱好者的持续使用意愿。

因此，提出假设H5：便利条件对传统戏曲爱好者持续使用"云端KTV"的意愿有正向影响。

⑤个人创新（personal innovativeness，PI）是指传统戏曲爱好者尝试从线下相聚换成线上唱演戏曲的主观意愿倾向。一个人是否具有创新性、是否勇于接受新的尝试、对新尝试的主动性有多强烈等，均会对一个人的行为意愿产生重大的影响。对于传统戏曲爱好者而言，相对于传统的线下戏曲唱演形式，使用"云端KTV"进行线上戏曲唱演是新的尝试，可能对传统戏曲爱好者的接受意愿及持续使用意愿（continue intention to use，CIU）产生影响。当传统戏曲爱好者勇于尝试的意愿越强烈，他们将越愿意使用"云端KTV"寻找或相约歌友进行戏曲"云端合唱"，传统戏曲爱好者的个人创新性对其持续使用意愿和行为产生积极影响。大部分传统戏曲爱好者对如何使用"云端KTV"这样的新信息技术唱演传统戏曲不熟悉，需要自身的内部驱动力来支持他们对新事物的学习和接受，而个人创新性可以激励其使用"云端KTV"唱演传统戏曲。

因而，提出假设H6：个人创新性对传统戏曲爱好者持续使用"云端KTV"的意愿有正向影响。

过往的研究证明，在信息技术系统领域，个人创新性对努力期望和绩效期望均有显著的积极影响（例，Devisakti & Muftahu，2022[①]）。在传统戏曲爱好者群体中，具有个人创新性意味着愿意接受新技术，不断地摸索和尝试后提高使用新技术的水平，他们在适应后，会更容易感觉到新技术的"易用性"，即"努力期望"。对新鲜事物的求知欲也促使他们获得更多与唱友们合唱的机会，待逐渐提升自身传统戏曲演唱水平后，他们更容易感到"云端APP"的"好用"即"绩效期望"。

因此，提出假设H7：个人创新性对传统戏曲爱好者持续使用"云端KTV"的绩效期望有正向影响；H8：个人创新性对传统戏曲爱好者持续使用"云端KTV"的努力期望有正向影响。

已有研究证实，在信息技术系统领域，个人创新性对主观规范（subjective norm）有显著的积极影响（Mazman Akar，2019）[②]。根据Fishbein和Ajzen（1975）的定义，主观规范是指个体对于其认为重要的社会关系（如家人、朋友、同事等）是否赞同他采取某项行动或特定行为的压力，与社会影响（SI）的定义相类似。个人创新性可以影响主观规范（Jackson等，2013b）[③]，也就是说，个人创新性可以影响社会影响。在传统戏曲爱好者使用"云端KTV"的场景中，因为创新性使得他们乐于改变，他们还可能将自己的创新经验传达给其他人，使得身边重要的人也认为他们应该尝试使用"云端KTV"。

因此，提出假设H9：个人创新性对传统戏曲爱好者持续使用"云端KTV"的社会影响有正向影响。

在信息技术系统领域，便利条件是指个体能够获得技术支持和帮助的程度。在传统戏曲爱好者使用"云端KTV"的场景中，个人创新性可以影响便利条件，因为个人创新性使得他们较早涉猎新技术，勇于做出新的尝试，从而更容易获得支持和帮助（Šorgo等，2021）[④]。

因此，提出假设H10：个人创新性对传统戏曲爱好者持续使用"云端KTV"的便利条件有正向影响。

[①] Devisakti A, Muftahu M. Digitalization in Higher Education: Does Personal Innovativeness Matter in Digital Learning? [J]. Interactive Technology and Smart Education, 2023 (2): 257–270.

[②] Mazman Akar S G. Does It Matter Being Innovative: Teachers' Technology Acceptance [J]. Education and Information Technologies, 2019, 24 (6): 3415–3432.

[③] Jackson J D, Yi M Y, Park J S. An Empirical Test of Three Mediation Models for the Relationship Between Personal Innovativeness and User Acceptance of Technology [J]. Information and Management, 2013, 50 (4): 154–161.

[④] Šorgo A, Virtič M P, Dolenc K. Differences in Personal Innovativeness in the Domain of Information Technology Among University Students and Teachers [J]. Journal of Information and Organizational Sciences, 2021, 45 (2): 553–565.

(3)问卷设计

调查问卷内容主要包括受访者的基本信息以及变量因素测量量表。量表的测量主要参考UTAUT模型及其他相关研究,针对研究主题进行相应的修改,形成本次调查的量表。量表采用李克特(Likert)7级量表,从"非常不同意"到"非常同意"设置1~7分的等级进行测量。

5.2.3 数据采集与分析

5.2.3.1 数据采集

本研究采用线上和线下结合的方便抽样法进行问卷调查,研究团队前往广州、佛山等广府地区,粤东潮汕地区以及粤西部分城市的社区传统戏曲爱好者集聚点进行线下现场问卷调查。对于我国香港、澳门地区以及东南亚国家的传统戏曲爱好者进行线上抽样问卷调查,共收到问卷470份。其中,18位受访者每周欣赏传统戏曲次数或者每天平均听唱传统戏曲的选项为"0",没能通过两个"传统戏曲爱好者"的筛选问题,最终有效问卷为452份,问卷有效率为96.17%。如表5-1所示,452名传统戏曲爱好者中,男性176人、女性276人;以中老年人为主,年龄集中在55岁或以上;学历以中学或以下为主。受访者的情况与我国的国情和民众情况相符,按照年龄推算,大部分受访者出生于20世纪50年代和60年代,受限于我国当时的情况,民众受教育水平普遍偏低。因此,所采集到的数据能够比较真实地反映传统戏曲爱好者的想法和感受。

表5-1 受访者人口统计学情况表(N=452)

项目	类型	数量	比例(%)
性别	男	176	39
	女	276	61
年龄	41~45岁	3	0.6
	46~50岁	14	3.1
	51~55岁	18	4
	56~60岁	69	15.27
	61~65岁	104	23.02
	66~70岁	175	38.72
	71~75岁	45	10
	75岁以上	24	5.3

续表5-1

项目	类型	数量	比例（%）
学历	初中及以下	376	83.19
	高中	36	8
	中专	34	7.5
	大专	4	0.9
	大学本科	1	0.2
	硕士或以上	1	0.2
居住地	广东省内	414	91.6
	我国香港特别行政区	24	5.3
	我国澳门特别行政区	6	1.3
	亚洲国家地区	8	1.8

5.2.3.2 分析方法

采用全球流行的数据分析方法Smart-PLS 3.0进行问卷数据分析。

（1）指标的信度和效度

表5-2显示的描述性统计数据，包括均值、标准差、峰度、偏度和PLS外部载荷。所有外部载荷值均高于学术界建议的0.7，证明了所选指标的信度。

表5-2 均值、标准差、峰度、偏度和外部载荷

变量	均值	标准差	峰度	偏度	外部载荷
CIU1	5.133	1.648	−0.457	−0.579	0.944
CIU2	5.015	1.728	−0.565	−0.520	0.946
CIU3	4.956	1.711	−0.523	−0.508	0.934
EE1	5.341	1.614	−0.124	−0.769	0.923
EE2	5.319	1.543	−0.150	−0.663	0.955
EE3	5.378	1.533	0.062	−0.782	0.953
EE4	5.263	1.558	−0.066	−0.676	0.940
FC1	5.219	1.723	−0.346	−0.701	0.878
FC2	5.257	1.627	−0.245	−0.648	0.888
FC3	5.363	1.619	0.047	−0.820	0.887
FC4	5.188	1.623	−0.250	−0.646	0.845
PE1	5.383	1.561	−0.007	−0.719	0.868
PE2	5.447	1.538	0.110	−0.801	0.936
PE3	5.445	1.531	−0.155	−0.730	0.923
PE4	5.319	1.587	−0.095	−0.692	0.874
PI1	5.350	1.538	−0.120	−0.676	0.923
PI2	5.173	1.628	−0.241	−0.659	0.927

续表5-2

变量	均值	标准差	峰度	偏度	外部载荷
PI3	5.325	1.549	−0.212	−0.679	0.945
PI4	5.367	1.507	−0.004	−0.722	0.919
SI1	5.075	1.633	−0.388	−0.531	0.928
SI2	5.150	1.624	−0.220	−0.615	0.940
SI3	5.042	1.632	−0.268	−0.561	0.905

（2）假设检验

表5-3显示了所有变量的Cronbach's Alpha（CA）和组合信度（CR），超过了学术界推荐的最小值0.70（Hair等，2010），表明了变量的信度。平均方差提取（AVE）值均高于0.5，证实了研究数据的收敛效度（Hair等，2010）。区别效度通过相关性检验进行检验。各变量的AVE值均高于其相关值，证明了各变量间的区别效度（Hair等，2017）[①]。

表5-3 信效度和变量间的相关性检验结果

	Cronbach's Alpha	组合信度（CR）	平均方差提取（AVE）	CIU	EE	FC	PE	PI	SI
CIU	0.936	0.959	0.887	0.942					
EE	0.958	0.970	0.889	0.721	0.943				
FC	0.898	0.929	0.765	0.794	0.841	0.875			
PE	0.922	0.945	0.811	0.749	0.773	0.783	0.900		
PI	0.947	0.962	0.862	0.736	0.748	0.769	0.705	0.929	
SI	0.915	0.947	0.855	0.805	0.747	0.807	0.772	0.710	0.925

为了获得变量间的显著关系结果，研究采取了PLS自助算法，将样本量从452增加至5000，获得图5-2显示的模型分析结果。

---

① Hair J F, Black W C, Babin B J, et al. Multivariate Data Analysis [M]. Englewood Cliffs, New Jersey: Prentice-Hall Inc, 2010.

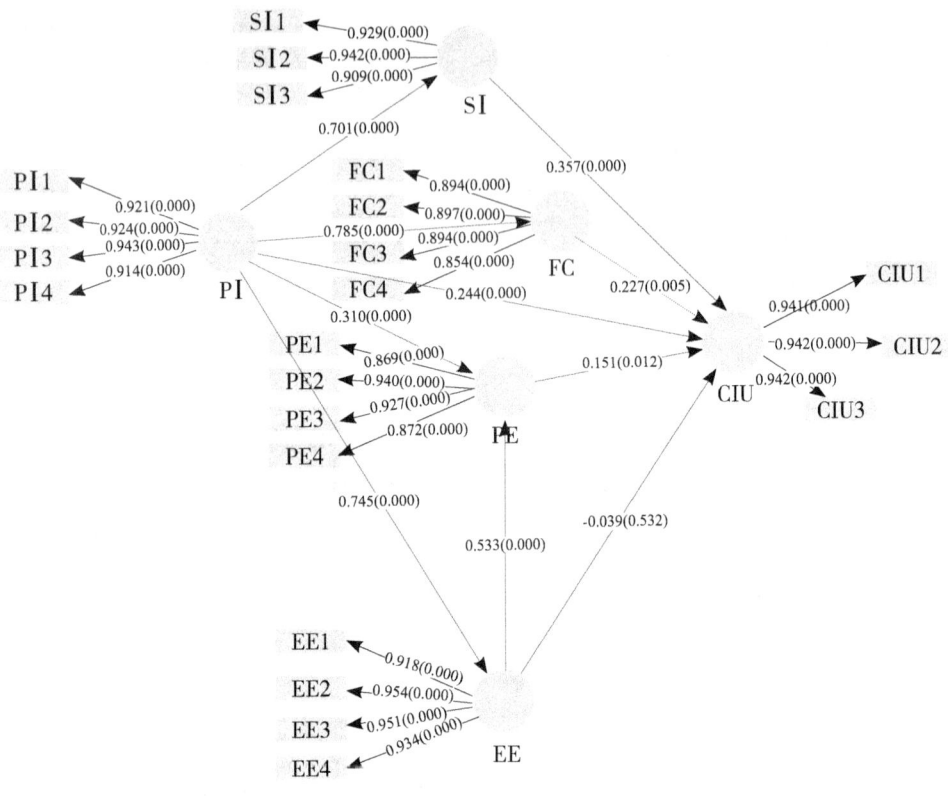

图5-2　分析结果图

5.2.4　研究结果及价值

研究结果显示，持续使用意愿、绩效期望、努力期望、社会影响和便利条件的R2分别为：0.733、0.634、0.560、0.504和0.591，说明该模型的解释能力较强（Hair等，2011）[1]。

5.2.4.1　PE/FC/SI/PI对CIU的显著作用中，PI的总效应最大

个人创新性（PI）对受访者使用"云端KTV"线上演唱传统戏曲的影响最大（0.736），远远高于绩效期望（PE）、便利条件（FC）和社会影响（SI）对受访者使用"云端KTV"线上演唱传统戏曲的影响（0.154、0.255、0.364）

---

[1] Hair J F, Ringle C M, Sarstedt M. PLS-SEM: Indeed a Silver Bullet [J]. Journal of Marketing Theory and Practice, 2011, 19（2）: 139-151.

（表5-4）。个人创新性是指个人愿意尝试新产品或新技术，以及愿意接受新鲜事物的一种特征。这一结果充分说明，"云端KTV"的推广目标应重点针对这一类人群，根据此类人群的特定特点，设计相应的程序板块，力求激发目标用户的持续使用意愿，达到营销效果。例如，在"海量高清曲库""实时打分""歌房嗨唱""K歌王者""全新美音""录唱主题""KK秀"等常规板块的基础上，增加"唱戏闯关"等创新性游戏板块，让目标用户持续使用"云端KTV"。其次，社会影响（SI）对受访者使用"云端KTV"线上演唱传统戏曲的影响显著，总效应为0.364。这一结果印证了当今社会中老年人的社交属性。中国的中老年人经历了社会变革、经济繁荣和互联网时代的快速发展，一方面，他们对逝去的传统戏曲繁荣时光和青春记忆无比怀念；另一方面，他们渴望跟上时代发展的潮流。"云端KTV"应运而生，成了他们精神寄托的一片热闹"净土"。他们频繁开展"同学会""广场舞""公园唱"等活动，但是，自新冠病毒疫情暴发后，他们的社交生活也从线下转到线上，"云端KTV"的火爆也源自中老年人的口口相传。基于这样的背景，"云端KTV"的开发平台应充分满足目标用户的社交心理需求，拓宽用户群体。例如，开发"唱一首戏曲""怀旧时光"等栏目，邀请同时代的知名戏曲家录唱、直播，给予基础用户更美好的使用体验，让他们产生共情，再激发基础用户以"点赞""转发""口碑"等方式推广"云端KTV"。再次，便利条件（FC）和绩效期望（PE）对受访者使用"云端KTV"线上演唱传统戏曲的影响显著，总效应分别为0.255和0.154。

便利条件（FC）显著影响受访者对"云端KTV"的持续使用意愿，这说明传统戏曲爱好者在使用"云端KTV"演唱传统戏曲时，能够获得相应的支持和帮助，"云端KTV"的平台方应提升技术服务和客服支持，在资金充足的条件下，可适当增加"实时在线客服""贴心陪伴"等更适合传统戏曲爱好者的个性化服务，以提高现有用户的忠诚度。

绩效期望（PE）显著影响受访者对"云端KTV"的持续使用意愿，这说明，传统戏曲爱好者在使用"云端KTV"演唱传统戏曲的时候，能够满足一定程度的"有用性"需求，比如找到志同道合的唱友，提升演唱传统戏曲的水平。"云端KTV"的平台方应积极持续地开展社会调研，深入传统戏曲爱好者尚未意识化的需求层面，打造"惊喜"板块，提高自身在行业内的竞争力，推陈创新，在创造社会经济利益的同时也致力于提高传统戏曲爱好者的生活幸福指数。

表5-4　总效应

	CIU	EE	FC	PE	PI	SI
EE	0.055			0.558		
FC	0.255					
PE	0.154					
PI	0.736	0.748	0.769	0.705		0.710
SI	0.364					

5.2.4.2　PE在EE和CIU之间的全中介作用

研究结果显示（表5-5），努力期望（EE）对受访者使用"云端KTV"线上演唱传统戏曲的影响并不显著，但绩效期望（PE）对受访者使用"云端KTV"线上演唱传统戏曲的影响显著；绩效期望（PE）在努力期望（EE）和持续使用意愿（CIU）之间起到全中介作用。这一结果说明，受访者只有在使用"云端KTV"演唱传统戏曲，收获一定的"绩效"时，"易用性"才能激发他们的"持续使用意愿"。例如，增加他们找到歌友一起在线演唱传统戏曲的机会，或提升他们的传统戏曲演唱水平等。这一研究结果与笔者的预期稍有出入。笔者原本以为"云端KTV"的"易用性"是显著影响受访者使用"云端KTV"线上演唱传统戏曲的因素，但实际结果说明，当下用户对"云端KTV"的"界面友好性"感到满意，一方面是因为当前用户因有微信、短视频等社交媒体APP的使用经验而养成不错的信息素养水平，另一方面是当前中国应用程序界面设计行业的整体水平已到达较高水平。

表5-5　假设检验

	假设	系数	T值	p值	结论
H2	EE -> CIU	−0.031	0.462	0.644	假设不成立
H3	EE -> PE	0.558***	8.382	0.000	假设成立
H5	FC -> CIU	0.255***	3.379	0.001	假设成立
H1	PE -> CIU	0.154***	2.665	0.008	假设成立
H6	PI -> CIU	0.197***	2.888	0.004	假设成立
H8	PI -> EE	0.748***	21.749	0.000	假设成立
H10	PI -> FC	0.769***	25.945	0.000	假设成立
H7	PI -> PE	0.287***	4.717	0.000	假设成立
H9	PI -> SI	0.71***	21.038	0.000	假设成立
H4	SI -> CIU	0.364***	5.678	0.000	假设成立

注：*$P<0.05$，**$P<0.01$，***$P<0.001$。

5.2.4.3　PE/FC/SI在PI和CIU之间的部分中介作用

研究结果显示，绩效期望、便利条件、社会影响在个人创新性和持续使用意愿之间起到部分中介作用。这一结果说明，"云端KTV"的绩效期望、便利条件、社会影响能够在一定程度上加强个人创新性对当前用户持续使用意愿的影响。"云端KTV"的平台开发商应关注当前用户多方面的需求，才能激发当前用户的持续使用意愿，从而达到留住用户的目标。

5.2.4.4　研究建议

上述研究结果表明，功能丰富且强大的"云端KTV"对于传统戏曲爱好者有一定吸引力，可以满足传统戏曲爱好者的部分使用需求。但是，现有的"云端KTV"的初设服务对象主要为喜欢流行音乐的年轻人，而非以中老年人为主的传统戏曲爱好者。因此，建议粤剧业界自建专业的粤剧戏曲KTV的APP或者小程序，提升用户的个人创新性和绩效期望，为粤剧爱好者使用传统戏曲KTV的APP提供更多的便利条件，在用户中形成良好的口碑，让用户乐于推荐推广，形成持续使用意愿，增加用户忠诚度。另外，戏曲"云端KTV"也可作为"互联网+粤剧"传播非遗文化的新尝试，用于在线推广粤剧，扩大粤剧生存空间。粤剧"云端APP"要吸引用户，需进行以下的调整。

（1）需要设置更加专业的戏曲演唱及评分功能

粤剧爱好者使用"云端KTV"主要应满足3个期望绩效：①练习唱戏曲；②相约或寻找同伴对唱；③通过评分提高戏曲演唱水平。如果粤剧"云端KTV"能提供同步视频合唱功能，它的体验效果将更好，因为粤剧的唱与演一样，同是粤剧爱好者最关注的部分。流行音乐的曲调和唱法与戏曲的不一样，现有的"云端KTV"评分系统所采用的评分功能主要以流行音乐为主，而对于戏曲的演唱，它的评分可能出现不精准的情况。评分不精准将影响用户粤剧演唱水平的提高，因此，一个针对粤剧的曲调、唱法、唱腔的专业评分系统对于粤剧"云端KTV"来说，是个非常必要的中枢核心系统。

（2）需要提供更加专业的演唱指导

粤剧走近民众，才能焕发它的生机活力。如果专业的粤剧演唱老师可以定期指导戏曲爱好者唱演，提升他们的粤剧演唱水平，则会激发更多人参与粤剧文化传播。在线下，粤剧爱好者经常齐聚，例如，在粤剧爱好者组建的粤剧私伙局中，究竟大家唱得好不好，这仅仅是相聚的朋友间业余水平的讨论，爱好者们对获得粤剧老师专业的改进建议可望不可即。但是，在线上APP，专业粤剧老师的指导能够克服时空界限传递给每个用户。在粤剧"云端KTV"中，技术员可以开发粤剧老师指导功能模块，让专业老师对民众的粤剧演唱情况进行专业点评，提出改善建议，这对于整体提升粤剧爱好者的参与积极性和演唱水平具有重要的作用。

（3）需要为粤剧爱好者跨地域交流学习提供便利

"独乐乐不如众乐乐"，扩大社会影响因素会促进APP用户的持续使用意愿。通过粤剧"云端KTV"的线上相会，粤剧爱好者们可以接收其他不同地方的优秀传统戏曲唱法和唱腔，相互学习、取长补短，在兼容并蓄中获得提升。例如，来自广东广府地区，我国香港、澳门地区，东南亚地区以及其他海外国家的粤剧爱好者，也能相聚在"云端KTV"进行粤剧演唱切磋，促进技艺提高。受时间、空间和资金所限，线下的粤剧跨境交流机会受限，海外粤剧爱好者大多数以业余粤剧社团的形式存在，更加需要国内水平优秀的粤剧爱好者和专业的粤剧从业人员给予指导。这种线上的方式能够有效促进粤剧海内外的传播与传承。

5.2.4.5 总结

在"互联网+"时代，本研究以UTAUT模型为理论指导，对粤剧爱好者持续使用"云端KTV"的意愿进行数据调研，探讨"互联网+背景"下粤剧文化如何结合市场需求进行融合创新，如何更好地融入现实生活，体现时代性。以活态传播新方式促进粤剧受众接受，让粤剧文化传播与社会需求发展同向同行，以期更好地满足中老年人的精神文化需求。本次研究对象范围有限，主要为中老年人的传统粤剧爱好者，没能对年轻受众进行调查研究，有所不足，这将是后续的研究方向。希望通过研究，让传统戏曲爱好者既能享受美好的休闲生活，也能活态传承粤剧，为粤剧文化的转化和发展创造出强大的内生动力。

5.3 粤剧通过数字电影传播的可行性研究

正如前述，年轻人是粤剧文化在国内外传播的必争受众，如果没有了年轻受众的支持，粤剧文化传播传承将走向末路。近年来，利用数字技术制作的国内外电影佳作在全球取得巨大的票房，成为当代年轻人日常休闲娱乐的主要方式之一。根据我国电影行业统计，2014年至2023年，我国电影总票房累计超过4559.37亿元；2012年至2022年，城市院线总观影人次累计约120亿。可见，观看数字电影已经成为国人，特别是年轻一代的主要休闲娱乐方式。电影一直是粤剧文化主要的传播媒介，正因为电影技术的使用，粤剧的众多史料得以保存、粤剧的优秀剧目得以快速传播至海外。在智能媒体时代，如何把粤剧文化与新型的数字电影有效融合，使粤剧走进年轻受众的世界，对于粤剧后续的传播推广意义重大。

5.3.1 粤剧电影的发展历程

5.3.1.1 粤剧电影的盛衰

粤剧电影于20世纪30年代随着影像技术的发展而出现，让粤剧从传统戏院的舞台走向电影院的大屏幕，用更低的成本和更高的上座率推动粤剧的传播。我国第一部有声粤剧电影是由薛觉先改编自其首本戏并主演的《白金龙》，于1933年10月首映，在我国广州、香港地区以及东南亚地区均获得极佳的票房。后续越来越多粤剧名人投身粤剧电影的演出和拍摄，使粤剧电影市场与粤剧舞台演出形成齐发展、共双赢的美好局面。为了满足当时观众对电影和粤剧舞台表演的观赏需求，创新了"粤剧折子戏影片"这样的粤剧电影形式，在电影故事中穿插粤剧古装折子戏，受到当时观众的喜爱。① 20世纪50年代迎来了粤剧电影的辉煌时期，1956年的粤剧电影《搜书院》获得当年相关电影票房之冠。20世纪60年代，随着电视产业的兴起和发展，粤剧电影逐渐走向低谷。1974年，广东粤剧院把样板戏《沙家浜》拍成了粤剧电影，由粤剧名伶红线女主演。后续粤剧电影进入了沉寂期。②

5.3.1.2 粤剧电影的复兴

粤剧与电影的结合，可以达到相互促进的双赢效果。粤剧电影拓宽了粤剧艺术的领域、展现了粤剧艺术的魅力、扩大了粤剧传播的影响。近年来，传统粤剧艺术结合现代科学技术，通过多方面探索、多种类尝试、多渠道传播，奋力迈向新时代，拉近与受众的距离。粤剧电影随之如雨后春笋般拍摄与上映，迎来了它的复兴繁荣好时代。粤剧电影《传奇状元伦文叙》《刑场上的婚礼》分别获得第31届和第33届中国电影金鸡奖最佳戏曲片提名。在第34届中国电影金鸡奖评选中，粤剧电影《南越宫词》荣获"最佳戏曲片"奖。粤剧电影的获奖来源于粤剧电影的不断改革创新以及政府和观众的支持。

2018年，根据经典粤剧《柳毅传书》改编的粤剧电影《柳毅奇缘》和根据新编大型新派粤剧《花月影》改编的粤剧电影《花月影》相继上演。2018年9月"广州市粤剧电影精品工程"计划启动，广州拨出专项资金，计划在三年时间里完成十部粤剧电影的拍摄，包括《刑场上的婚礼》《南越宫词》《睿王与庄妃》《范蠡献西施》《搜书院》《黄飞虎反五关》《刁蛮公主憨驸马》《花

---

① 罗敏. 论粤剧电影对粤剧发展的影响[D]. 广州：广州大学，2019.
② 粤剧大辞典编撰委员会. 粤剧大辞典[M]. 广州：广州出版社，2008：1191.

笔记》《鸳鸯剑》《三家巷》等，不少粤剧经典剧目被陆续搬上银幕。2019年年末，《刑场上的婚礼》上映，第一轮放映总票房230万元，仅在广州市和佛山市，观影人数就超过15万。该片的观影人次、放映场次及票房，均为近三年（截至2019年）戏剧类电影的最高纪录①。粤剧电影《刑场上的婚礼》改编自现代粤剧同名作品，通过电影的虚拟拍摄技术、视听立体音效，更清晰、更高品质地重现广州起义的革命历程，是现代粤剧在电影艺术领域上的一个新探索。另外一个新探索是2021年上映的粤剧电影《白蛇传·情》，通过商业电影的模式把传统与现代相结合进行创新：第一，内容改编方面，在继承传统的基础上融入现代思想，以"情"为主线，展现人们对爱情的美好憧憬和对真善美的执着追求，以"情"与年轻观众产生共鸣，拉近与年轻观众的距离。第二，在画面展示上，融入我国传统山水画、工笔画等绘画场景，让电影充满中国传统文化的意境和味道，配上4K高清技术拍摄，使画面、颜色、细节更加清晰、更加精致，写意美感十足。在场面表现上，采用了大量与粤剧元素融合的电脑特效，使观感既震撼逼真又毫无违和感，成功将粤剧电影带入"大片时代"②。该电影打开了传统粤剧文化走向年轻人的大门，让更多年轻人了解粤剧文化、喜爱传统文化。电影上映后反响热烈、好评如潮，总票房突破2000万元，荣登我国戏曲电影票房榜首。

5.3.2 粤剧电影和自我一致性理论的研究情况

5.3.2.1 粤剧电影研究情况

近年来随着粤剧电影的复兴及传播，学者们纷纷进行相关研究。截至2023年，在中国知网上以"粤剧电影"为搜索主题，共有174篇相关文章，其中75篇为近8年（2016—2023年）发表的文章，占比43.1%。粤剧电影《白蛇传·情》于2021年上映，其相关的研究文章多达49篇，占近年来粤剧电影相关文章的65%以上，可见粤剧电影的复兴也带动了粤剧电影及粤剧艺术文化的学术研究。粤剧电影的研究主题主要如下。

（1）电影技术及表现手法与粤剧戏曲文化的有机结合

"用电影彰显传统文化魅力，带观众走进戏曲繁花深处"，这才是粤剧电影的最终目的，希望通过电影技术及电影运镜表现手法，传递粤剧戏曲文化的

---

① 环球网. 从《刑场上的婚礼》的票房情况看戏曲电影新发展［EB/OL］. 2020-10-11［2022-06-22］. https: //baijiahao.baidu.com/s?id=1680226056687880996&wfr=spider&for=pc.
② 岳川. 粤剧电影《白蛇传·情》重映 再续"破圈"热潮［EB/OL］. 2021-05-31［2022-06-22］. http: //www.chinanews.com.cn/cul/2022/05-29/9766613.shtml.

传统美。例如，粤剧电影《白蛇传·情》中融入我国山水画、工笔画等传统绘画，运用4K拍摄技术展现清晰、逼真、唯美的画面、细节和意境，让观众在观看电影中也能感受粤剧戏曲的写意之美，获得观众的一致好评。

（2）粤剧电影成为现代粤剧文化传播新路径的可行性

粤剧电影与粤剧戏曲在发展的过程中相互吸收、相互借鉴、相互影响。但是，相比于一部粤剧三四个小时的时长来说，大约1.5小时时长的粤剧电影更加贴合当代的"快餐文化"，走进年轻人的休闲娱乐生活，更能被年轻受众所接受。粤剧文化可以运用电影这种艺术呈现方式，借助极具新时期、新时代特色的粤剧电影，把粤剧的艺术精华及艺术魅力进行有效传播，增添粤剧文化的活力。①

（3）粤剧电影的机遇与挑战

随着科学技术的日新月异，电影的3D技术、LED特效技术、4K超高清画质、全景声的音效技术等电影数字化新技术的应用，让粤剧电影中的粤剧场景的表现和展示将有更多的无限可能，给观众带来不一样的视听感受，促进粤剧电影不断向前探索发展。但是，无论电影技术如何引领粤剧电影的革新，兼具粤剧文化和电影文化的粤剧电影，始终需要寻求其定位，确定以电影为重还是以粤剧为重，做好粤剧的"写意"与电影的"写实"两种艺术形态的平衡和结合。周骏（2022）认为粤剧电影《白蛇传·情》能够成功"出圈"的原因之一，正是高清4K成像和数字特效所展现的魔幻色彩成功与传统戏剧的写意特征相结合。② 另外，电影采用市场化运作，由于粤剧电影跟商业电影的观众来源基础不一样，粤剧电影的时长相对较长，以及粤剧电影的地方性语言限制等客观情况，院线对粤剧电影的支持力度低，存在院线排片少、播放渠道不畅等问题，阻碍粤剧电影的后续发展。③

综上所述，学者们的研究角度主要来源于粤剧电影技术的使用、粤剧电影手法的表现、粤剧电影内容的改编、粤剧电影的作用、粤剧电影的未来发展等，但是相关研究极少从粤剧电影的受众出发。粤剧电影经过近几年的勇于探索，为观众找到了粤剧文化的另一种传播方式，有效拓宽其受众范围，不仅让粤剧观众的主要群体——中老年人为之着迷，还收获了不少年轻受众的心，让年轻受众感受到粤剧文化的美感创新。后续将有更多的粤剧电影拍摄及上映，观众又是如何看待粤剧电影的？粤剧电影还可以做出哪些努力，继续缩短与观众的距离，走进观众的心房？本研究将基于自我一致性理论，探讨年轻观众与

---

① 罗丽. 戏曲电影的机遇与挑战 [J]. 中国文艺评论，2021（3）：75-83.
② 周骏. 融戏入影：悲情传统与视听创新 [J]. 当代电影，2022（3）：159-165.
③ 同①.

粤剧电影在自我形象上的关联度，期望通过研究结果可以给粤剧通过数字电影推广传播提供一些参考建议。

5.3.2.2 自我一致性理论研究

"自我"这个概念始于1890年，威廉·詹姆斯（William James）在其1890年出版的《心理学原理》中提出"自我概念"，强调个体以自我为中心的思想和感受。学者们对"自我概念"的研究逐渐深入：初始阶段，把"自我概念"看作一个单一的变量，即对自己的感知；接着，把它看作"二元"维度——"真实自我概念"和"理想自我概念"（Belch，1978）[1]；然后在多元自我建构中，自我概念分为多种，主要包括真实自我形象、理想自我形象、社会自我形象和理想社会自我形象等。"真实自我"主要指一个人如何看待自己；"理想自我"主要强调一个人希望如何看待自己。[2]

心理学认为，自我一致性是指个体外在的言语行为表现是其内在动机、目的和价值观的真实反映。Sirgy（1985）把"自我一致性"应用于消费行为研究中，认为自我一致性就是产品形象与个体的实际自我形象之间的匹配度，提出了"自我形象-产品形象一致性理论"。自我形象与产品形象一致性的不同状态会以不同的方式影响着消费者的产品偏好和购买动机。有学者认为消费者的产品偏好受理想自我一致性的影响更大，而购买意图则更容易被真实自我一致性而影响；但是对于具有高社交需求的消费者来说，其购买意愿受理想自我一致性的影响更大。[3]

学者在进行自我一致性与消费者购买意愿的研究时，采用了语义差异较大的22对形容词对消费者偏好进行调查（Dolich，1969）；Grubb和Hupp（1968）采用了由16个形容词组成的检测量表，论证真实自我、理想自我与消费者购买意愿之间的逻辑关系。Malhotra（1981）在前人研究的基础上开发了一个由15对反义词组成的量表[4]，适用于衡量各种各样的自我概念、个人概念和产品概念，例如，测量产品形象、目标市场消费者的理想自我形象和产品代言人的形象是否具有一致性，从而相应地寻找合适的产品代言人一起创建产品

---

[1] Belch G E. Belief Systems and the Differential Role of the Self-Concept [J]. Advances in Consumer Research, 1978（5）：320-325.

[2] Joseph S M. Self-Concept in Consumer Behavior：A Critical Review [J]. Journal of Consumer Research, 1982（3）：287-300.

[3] Sirgy M J. Using Self-congruity and Ideal Congruity to Predict Purchase Motivation [J]. Journal of Business Research, 1985, 13（3）：195-206.

[4] Malhotra N K. A Scale to Measure Self-Concepts, Person Concepts, and Product Concepts [J]. Journal of Marketing Research, 1981, 18（4）：456-464.

形象来满足目标市场消费者的理想自我形象，从而促进产品销售。在后续的相关研究中，此量表除了被应用于产品销售外，还被应用于促进服务消费的自我一致性研究，如健身俱乐部①以及旅游服务产品的自我一致性研究等。

粤剧电影作为一种艺术文化综合型的社交娱乐服务产品，消费者对于当代融入了高科技电影元素的粤剧电影产品的看法如何？粤剧电影的形象与消费者的真实自我和理想自我的一致性是否匹配？对消费者选择粤剧电影的促进作用有多大？笔者希望通过粤剧电影与消费者的自我一致性研究，为粤剧电影的后续创新发展提供有益参考。

5.3.3 研究方法

5.3.3.1 研究对象

根据薛宁和李琳（2022）对中国电影观众的调查，中国电影观众逐渐年轻化。截至2021年，25岁以下年轻电影观众占比52.5%②。此处主要针对18～25岁的年轻电影观众开展研究。"00后"作为社会文化潮流新生代的代表，必将成为文化的接受者、传播者和传承者。融入现代文化和科技元素的粤剧电影，有助于增添粤剧文化的时代活力，吸引年轻受众对粤剧文化的主动接触、充分理解和积极接受，从而传播和传承粤剧传统文化精粹。因此，将18～25岁的年轻受众作为研究对象，可以从一定程度上了解年轻受众对于粤剧电影的感受和看法，从而为后续的粤剧电影提供研究参考。

5.3.3.2 研究问题

本研究主要研究"自我一致性"理论在粤剧电影上的应用，通过实证检验分析年轻消费者的自我形象与粤剧电影的形象一致性，需探究的问题如下：①对于粤剧电影这个休闲娱乐产品形象，消费者的真实自我和理想自我之间的一致性如何？两者存在哪些差异？②消费者的真实自我是否与粤剧电影形象一致？两者一致性的程度如何？③消费者的理想自我与粤剧电影形象的一致性程度如何？

---

① Abel J I, Buff C L, O'Neill, et al.. Actual Self-Concept Versus Ideal Self-Concept：An Examination of Image Congruence and Consumers in the Health Club Industry [J]. Sport Business & Management, 2013, 3（1）：78-96.

② 薛宁，李琳. 观众的构成与审美偏好——基于"中国电影观众满意度调查"的分析 [J]. 当代电影, 2022（3）：4-16.

5.3.3.3 研究量表

本研究主要参考前人的相关研究,使用Malhotra(1981)研究自我一致性所开发的量表,把量表中的15组正反相对的形容词构成本次研究量表的主要部分(表5-6)。除此之外,粤剧电影至少跨越了戏剧、电影两种艺术形态,是对传统的、经典的粤剧文化进行的创新和创作,可以增添粤剧文化的活力和亲和力,传递粤剧文化也是开明的、包容的、与时俱进的、改革进取的形象,期望走近年轻受众。因此,研究量表内新增8组正反相对的形容词,分别是单一的—多元的、传统的—开明的、经典的—创新的、安于现状的—进取的、主流的—非主流的、高雅的—亲和的、浪漫的—务实的、专一的—包容的。

表5-6 自我形象与粤剧电影形象的测量要素量表

测量要素	参考来源
rugged(坚毅的)– delicate(脆弱的) excitable(易激动的)– calm(冷静的) uncomfortable(不安的)– comfortable(舒适的) dominating(独裁的)– submissive(顺从的) thrifty(节俭的)– indulgent(浪费的) pleasant(愉快的)– unpleasant(不愉快的) contemporary(现代的)– non-contemporary(非现代的) organized(有条理的)– unorganized(无条理的) rational(理性的)– emotional(感性的) youthful(年轻的)– mature(成熟的) formal(专业的)– informal(业余的) orthodox(拘谨的)– liberal(随意的) complex(复杂的)– simple(简单的) colorless(无趣的)– colorful(有趣的) modest(谦虚的)– vain(自负的)	Malhotra,1981
单一的—多元的、经典的—创新的、安于现状的—进取的	罗 丽,2021
传统的—开明的、主流的—非主流的、专一的—包容的	罗 敏,2019
高雅的—亲和的	刘思琪,2021
浪漫的—务实的	谢 雨,2021

调查问卷共分成四个部分。第一部分是一个筛选性问题"请问你有否看过粤剧电影,如《白蛇传·情》《刑场上的婚礼》《刁蛮公主憨驸马》等",主要了解受访者是否看过粤剧电影,只有看过粤剧电影的受访者才能继续回答后续的问题。第二部分主要了解年轻受访者对电影的喜好程度以及观看电影的频率,从而一定程度上衡量电影这种形式对于粤剧文化的传播作用。第三部分为问卷的主要部分,受访者需要对理想自我形象、真实自我形象以及粤剧电影形象进行评分。采用七分语义差异量表,数字"1"和"7"分别代表两个意义相

反的形容词，越靠近两端的数字则表示受访者的想法越符合两端形容词的描述，数字"4"则表示受访者对该题项的想法存在不确定性。第四部分主要调查受访者对粤剧电影的喜好度以及看法。为了确保问卷的有效性，第二、四部分的问题分别放在第三部分中作为分隔部分，尽量避免理想自我、粤剧电影形象以及真实自我之间的调查偏差相互影响。

5.3.3.4 数据采集

本次数据采集主要使用线上问卷调查方式进行，共收到问卷385份，其中在第一个筛选性问题"请问您是否看过粤剧电影，如《白蛇传·情》《刑场上的婚礼》《刁蛮公主憨驸马》等"中选择"是"的为可用答卷，共有337份有效答卷用于分析研究，答卷有效率为87.53%。

5.3.3.5 分析方法

本研究采用欧几里得距离模型（Euclidean distance model），分别计算受访者的真实自我、理想自我与粤剧电影形象的一致性。D值越高，表示受访者的自我形象与粤剧电影的形象之间越不一致；如果D值为0，表示受访者的自我形象与粤剧电影的形象完全一致。随后，利用EXCEL 2007版本绘制一致性的差异折线图。其具体计算公式如下：

$$D = \sqrt{\sum_{i=1}^{n}(P_i - S_i)^2}$$

5.3.4 研究结果及价值

5.3.4.1 受访者情况

337位受访者的男女性别比例分别为36.5%和63.5%。18~22岁受访者有193名，23~25岁受访者有144名，比例分别为57.27%和42.73%。大部分受访者懂粤语，其中36.20%受访者认为自己精通粤语，27.30%受访者认为自己的粤语水平良好，22.85%受访者能基本听懂粤语但口语表达能力有限，13.65%的受访者表示自己不懂粤语。在电影的喜好度方面，超过85%的受访者在过去1年至少前往电影院看电影1次，其中超过40%的受访者的观影次数超过3次，多于6次的受访者占比超过11%。如非受到新冠病毒疫情的影响，超过40%的受访者每个季度至少去电影院1次。从调查结果可知，在电影院看电影已经成为当代年轻受众的兴趣爱好和休闲娱乐活动的主要形式之一。

5.3.4.2 受访者自我形象与粤剧电影形象的一致性情况

本研究将真实自我形象、粤剧电影形象和理想自我形象的23组正反相对的形容词的分值通过散点折线图呈现出来,如图5-3所示。当代大学生的真实自我形象(图中灰色折线)更倾向于年轻的(2.95)、现代的(2.76)、多元的(5.01)和开明的(4.93),而理想自我形象则更倾向于愉快的(2.25)、有条理的(2.41)、多元的(5.58)和有趣的(5.58)。这些自我形象感知吻合我国当代年轻人的特点——开放包容、享受生活、多元创新、丰富多彩、舒心愉悦。

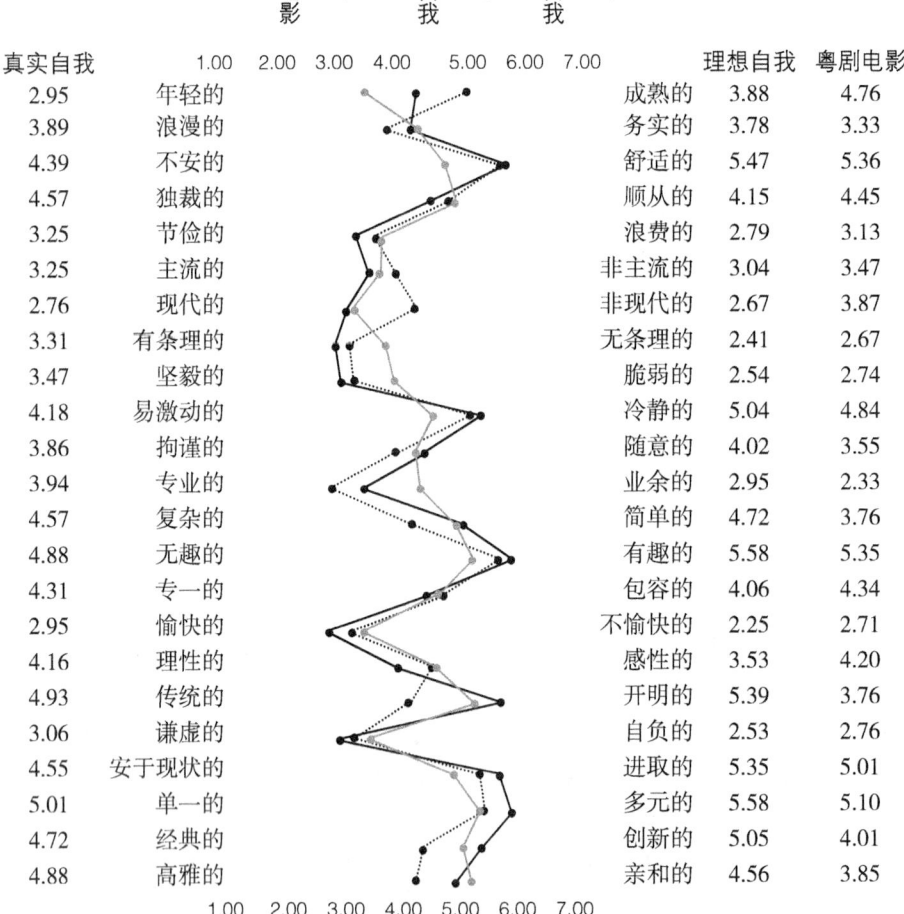

图5-3 一致性情况散点折线图

本研究采用配对样本 t 检验法对反映当代年轻受众真实自我形象与理想自我形象的23组正反相对的形容词进行差异检验，如表5-7所示。"Diff."为样本的差值，"S.D."为样本标准差。研究结果显示，在反映真实自我形象和理想自我形象一致性的形容词中，浪漫的、现代的、拘谨的、复杂的是没有差异的（p-value > 0.05）。而不安的（1.08）、专业的（0.99）、年轻的（0.93）、坚毅的（0.93）和有条理的（0.91）这五组正反相对的形容词的绝对差异值是显著的且较大的。

表5-7 真实自我形象和理想自我形象一致性

		Diff.	S.D.	t-statistics	p-value
年轻的	成熟的	0.93	2.13	8.01	0.000
浪漫的	务实的	−0.10	2.08	−0.92	0.360
不安的	舒适的	1.08	1.97	10.06	0.000
独裁的	顺从的	−0.41	1.54	−4.91	0.000
节俭的	浪费的	−0.46	1.57	−5.39	0.000
主流的	非主流的	−0.21	1.35	−2.86	0.004
现代的	非现代的	−0.09	1.31	−1.29	0.197
有条理的	无条理的	−0.91	1.66	−9.99	0.000
坚毅的	脆弱的	−0.93	1.79	−9.57	0.000
易激动的	冷静的	0.86	1.93	8.18	0.000
拘谨的	随意的	0.16	1.82	1.65	0.100
专业的	业余的	−0.99	2.05	−8.88	0.000
复杂的	简单的	0.15	1.69	1.61	0.108
无趣的	有趣的	0.69	1.65	7.73	0.000
专一的	包容的	−0.26	1.97	−2.38	0.018
愉快的	不愉快的	−0.69	1.56	−8.17	0.000
理性的	感性的	−0.63	1.79	−6.46	0.000
传统的	开明的	0.46	1.52	5.56	0.000
谦虚的	自负的	−0.53	1.44	−6.79	0.000
安于现状的	进取的	0.80	1.83	8.02	0.000
单一的	多元的	0.57	1.50	6.95	0.000
经典的	创新的	0.34	1.78	3.49	0.001
高雅的	亲和的	−0.32	1.75	−3.39	0.001

如表5-8所示，本研究分别计算出真实自我形象、理想自我形象与粤剧电影形象之间的绝对差值来剖析各属性之间的一致性程度。在检验真实自我形象与粤剧电影形象的一致性时，发现包容的（0.02）、感性的（0.04）和多元的（0.09）的绝对差异值是最小的，表示这三组形容词是最接近当代年轻人真实自我形象与粤剧电影形象的一致性。在检验理想自我形象与粤剧电影形象的一致性时，发现舒适的（0.10）、坚毅的（0.20）和冷静的（0.20）的绝对差异值是最小的，表示这三组形容词是最接近当代年轻人理想自我形象与粤剧电

影形象的一致性的。

表5-8 理想自我形象、真实自我形象与粤剧电影形象的一致性程度概况

		理想自我一致性	真实自我一致性
年轻的	成熟的	−0.88	−1.81
浪漫的	务实的	0.45	0.56
不安的	舒适的	0.10	−0.98
独裁的	顺从的	−0.29	0.12
节俭的	浪费的	−0.34	0.12
主流的	非主流的	−0.44	−0.23
现代的	非现代的	−1.20	−1.11
有条理的	无条理的	−0.26	0.64
坚毅的	脆弱的	−0.20	0.74
易激动的	冷静的	0.20	−0.66
拘谨的	随意的	0.47	0.31
专业的	业余的	0.62	1.61
复杂的	简单的	0.96	0.81
无趣的	有趣的	0.23	−0.47
专一的	包容的	−0.28	−0.02
愉快的	不愉快的	−0.46	0.23
理性的	感性的	−0.66	−0.04
传统的	开明的	1.62	1.16
谦虚的	自负的	−0.23	0.30
安于现状的	进取的	0.34	−0.46
单一的	多元的	0.47	−0.09
经典的	创新的	1.04	0.70
高雅的	亲和的	0.71	1.03

5.3.4.3 研究结论

（1）结论

首先，当代年轻人的真实自我形象是年轻的、现代的、多元的和开明的，理想自我形象是愉快的、有条理的、多元的和有趣的，同时浪漫的/务实的、现代的/非现代的这两方面在真实自我形象和理想自我形象中的表现较为一致。其次，关于理想自我形象、粤剧电影形象和真实自我形象三者之间的一致性，如图5-3所示，当代年轻受众理想自我形象中有5组形容词属性与粤剧电影形象的一致性的程度高于真实自我形象，分别为不安的/舒适的、坚毅的/脆弱的、易激动的/冷静的、无趣的/有趣的、谦虚的/自负的；年轻受众真实自我形象中有4组形容词属性与粤剧电影形象的一致性的程度高于理想自我形象，分别为独裁的/顺从的、节俭的/浪费的、专一的/包容的、单一的/多元的。最

后,根据欧几里得距离计算公式得出当代年轻人的理想自我一致性(3.15)低于真实自我一致性(3.76),因此,年轻受众更想追求的是理想自我。

(2)理论价值

本研究从受众的心理学着手,把自我一致性理论应用于粤剧文化传播形式研究。通过间接的形式了解年轻群体受众的形象与粤剧电影形象的一致性,有助于了解年轻受众群体对粤剧电影这种传播形式的接受程度和感受。根据调查数据和统计结果,对于年轻受众来说,粤剧电影的形象与他们的理想自我形象比较一致,意味着关注年轻人的理想自我一致性在促进粤剧电影的推广上将发挥更大的作用。这个结论跟其他学者研究阳朔作为旅游目的地的形象与游客形象的一致性的研究中理想自我一致性的作用更大(Huang等,2017)[1]的结论是相似的;但是跟Abel等(2013)针对消费者进行的自我形象与健身俱乐部形象的一致性的研究中真实自我与俱乐部形象的一致性更能促使消费者光顾健身俱乐部的研究结果不一致[2]。因此,自我一致性理论在不同领域的应用是可行的,但是由于研究对象不同、测量要素不同等影响因素的存在,研究结果可能各不相同。本研究是在前人的研究基础上,首次将自我一致性理论应用于年轻受众对粤剧文化传播形式的接受度的研究,相关从业人员可参考粤剧电影形象与理想自我形象的差距,为粤剧电影后续作出相应的调整和宣传,使其形象更加接近受众的理想形象。

数据结果显示,粤剧电影形象与年轻受众的理想自我最一致的是舒适的(0.1)这个要素,这是由于电影这种休闲娱乐方式具备简单舒适的特点。本次研究在Malhotra(1981)研究自我一致性所开发的量表基础上,结合粤剧电影特点所增加的8组要素中的理想自我形象数据:浪漫的(3.78)、主流的(3.04)、包容的(4.06)、开明的(5.39)、进取的(5.35)、多元的(5.58)、创新的(5.05)和亲和的(4.56),除了包容的这个要素外,其他要素均远离数据中心点(4.00)。这些数据真实反映了当代年轻人的理想追求:塑造亲和浪漫、思想开明的形象,乐于接受新事物,拼搏进取不设限,成为具备多种技能的复合型创新型人才,逐渐成为社会主流群体之一,担当推动社会发展之重任。但是,部分要素的数据与粤剧电影形象之间依然具有一定的差距,包括浪漫的(0.45)、主流的(0.44)、包容的(0.28)、开明的(1.62)、进取的(0.34)、多元的(0.47)、创新的(1.04)和亲和的

---

[1] Huang Z, Zhang C, Hu J. Destination Brand Personality and Destination Brand Attachment—the Involvement of Self-Congruence [J]. Journal of Travel & Tourism Marketing, 2017 (2): 1-13.

[2] Abel J I, Buff C L, O'Neill, et al. Actual Self-Concept Versus Ideal Self-Concept: An Examination of Image Congruence and Consumers in the Health Club Industry [J]. Sport Business & Management, 2013, 3 (1): 78-96.

（0.71）。粤剧文化从传统舞台走到电影院以电影这种主流形式与年轻大众见面，就是一种主动靠近主流文化和亲近年轻受众的进取尝试。粤剧电影采用了4K拍摄技术、电脑特效、全景声等高科技技术，在粤剧艺术文化的传播形式和技术革新上就是一种开明包容、进取的表现。粤剧+电影、传统文化+高科技，俨然是一种文化和传播的创新。但是，年轻受众对粤剧文化依然存在偏见，认为这是爷爷奶奶辈的文化活动，因此本研究认为粤剧电影形象所传递的亲和力、创新性和开明度依然不足，粤剧电影以及其他的粤剧文化展现和传播形式需要继续吸收多元文化，作出更多的创新性改变。

（3）研究价值

①为后续粤剧电影的拍摄提供研究参考。在对粤剧电影形象与年轻受众自我一致性的调查研究中，23个研究要素中16个要素所衡量的粤剧电影形象与年轻受众的自我形象具有相近的特质，但是差距相对较大的要素为现代的（1.26）、开明的（1.62）和创新的（1.107）。后续拍摄的粤剧电影，无论在内容选材、拍摄手段、技术应用、展现形式、宣传推广等方面需要继续融入现代的创新元素，让年轻受众感到粤剧电影在保留粤剧文化根本的基础上大胆开拓、与时俱进，大步走进年轻受众的世界。罗丽（2021）就戏曲电影提出了亟待解决的问题：戏曲电影该如何拍摄？如何让戏曲电影的视听语言符合当代观众的审美诉求？除新技术的加持外，戏曲电影是否也应在叙事方式上有所突破？① 因此，在营销方式上，粤剧电影需要构建其年轻活泼、进取创新的形象，逐渐改变年轻受众对粤剧文化的刻板印象。

②为粤剧文化传播研究提供借鉴。在本次调查的要素数据中，有4组要素的数据结果显示年轻受众的自我形象（包括"理想自我"和"真实自我"）与粤剧电影形象呈现相反的状态，差距较大，包括年轻的—成熟的的差距分别为0.88和1.81、复杂的—简单的的差距分别为0.96和0.81、传统的—开明的的差距分别为1.62和1.16，以及高雅的—亲和的的差距分别为0.71和1.03。可见，对于年轻受众来说，粤剧文化的形象标签依然是相对固化的——传统的、成熟的、复杂的、高雅的，是一种相对古老、正式和繁杂的传统艺术文化，与年轻受众之间有无形的距离感。当代年轻人日常所喜欢的文化娱乐形式是相对简单、轻松、随意和舒适的。相对于传统的粤剧戏剧舞台表现形式，结合数字科技展现技术的粤剧电影已经走出很好的一步，获得了不少年轻受众的认可。我国年轻人喜爱的综合性视频社区网站"bilibili"（哔哩哔哩），拥有粤剧电影《白蛇传·情》独家在线播放权。截至2023年，粤剧电影《白蛇传·情》在哔哩哔

---

① 罗丽. 戏曲电影的机遇与挑战［J］. 中国文艺评论，2021（3）：75-83.

哔哩视频网站的播放量超过1800万次，视频弹幕超过6万条，获得9.9分的超高评分、超过48万个点赞以及1万3千多条评论①，年轻受众的参与度非常高。粤剧电影《白蛇传·情》的成功"出圈"勉励着粤剧文化从业者和研究者继续努力使粤剧文化更加平易近人，以年轻受众所喜欢的形式走进他们的世界，迎合受众的审美需求和心理感受。

③为粤剧电影形象塑造提供建议。本次研究基于自我一致性理论，结合Malhotra（1981）开发的15组反义词以及与粤剧电影形象相关的8组反义词，构成包含23组调查要素的研究量表，应用于粤剧电影形象与年轻受众自我形象一致性的研究，以间接调研的方式了解粤剧电影的形象与受众的理想自我形象和真实自我形象的吻合情况，从而探讨粤剧电影后续的形象塑造发展方向，吸引更多的年轻受众走近粤剧文化。

（4）研究局限与未来发展方向

本研究存在以下几点局限。首先，本次研究仅选取了年轻受众作为研究对象，数据并未包含其他年龄层级的受众对粤剧电影形象的认知，而年龄的差异可能影响受众对粤剧电影形象的认知。因此，未来研究可进一步对比分析处于不同年龄阶段的受众对粤剧电影形象的认知。其次，本研究采用了一致性间接测量方式，仅分析了年轻受众对粤剧电影具体形象的认知情况，未对年轻受众的后续行为意愿展开研究，未来可就此问题做进一步的研究，以更全面地了解粤剧电影年轻受众的心理及行为。

5.4 小结

借助网络数字智能技能日新月异的发展东风，在智能媒体时代积极响应国家鼓励中华优秀传统文化"走出去"的号召，充分利用新媒体技术传播优势，推进粤剧的海外传播，有利于让世界认识和接受粤剧文化，促进粤剧文化"走出去"。我们必须正视新媒体时代粤剧海外传播存在的问题和面临的挑战，充分利用数字技术优势不断创新粤剧传播内容、传播方式、传播媒介，逐渐拓展粤剧海外受众，提升粤剧的海外传播效果，让粤剧海外传播前景越来越明朗。

在智能媒体时代，基于高速移动网络技术，智能手机上各式各样的APP为工作、生活和娱乐等提供了便利，其中也包含了我国传统戏曲在线视听和演唱的APP。"云端KTV"为海内外粤剧爱好者寻找戏友进行戏剧"云合唱"提供了技术支持，已成为粤剧爱好者之间联系沟通的一种重要方式，但粤剧爱好者对智能手机及"云端KTV"等的接受和使用将影响他们持续使用"云端

---

① 粤剧电影《白蛇传情》，哔哩哔哩网站. https://www.bilibili.com/bangumi/play/ep425609?theme=movie&spm_id_from=333.337.0.0.

KTV"的意愿。从粤剧的海内外传播受众出发，基于UTAUT模型调查研究粤剧爱好者的使用意愿和动机，可以更加深入地探讨"云端KTV"这一新的粤剧网络传播媒介的可行性；另一方面，有助于相关应用程序的进一步完善服务，提升粤剧受众的使用意愿，创新"互联网+传统戏曲"活态传播形式，推动戏剧文化与民众休闲生活的融合发展，丰富粤剧爱好者的休闲生活，从而扩大粤剧文化的传播受众范围。

年轻受众，特别是Z世代的年轻受众，是粤剧文化传播必须争取的对象，是粤剧文化继续传播传承的重要载体。其中，粤剧与电影的跨界合作，推陈出新，是粤剧文化争取年轻受众的重要途径之一。近年来，粤剧行业在数字电影的努力收获满满：粤剧电影《南越宫词》获第34届中国电影金鸡奖"最佳戏曲片"奖；粤剧电影《白蛇传·情》成功"出圈"，获得千万年轻人的喜爱；粤剧电影《睿王与庄妃》入围第36届中国电影金鸡奖"最佳戏曲片"奖提名。可见，结合数字技术制作的粤剧电影，无论在电影行内和粤剧行内，还是在粤剧受众间，均获得认可。基于自我一致性理论，本研究对粤剧电影与年轻受众的形象进行探讨研究，以期作为后续粤剧数字电影制作和宣发的参考；期待粤剧数字电影能够吸引更多的年轻受众关注粤剧文化，爱上粤剧文化，成为粤剧文化传播传承的主要力量。

参考文献

[1] Abel J I, Buff C L, O'Neill, et al. Actual Self-Concept Versus Ideal Self-Concept: An Examination of Image Congruence and Consumers in the Health Club Industry[J]. Sport Business & Management, 2013, 3(1):78-96.

[2] Belch G E. Belief Systems and the Differential Role of the Self-Concept[J]. Advances in Consumer Research, 1978(5):320-325.

[3] Cao J, Shang Y, Mok Q, et al. The Impact of Personal Innovativeness on the Intention to Use Cloud Classroom: An Empirical Study in China[J]. In International Conference on Technology in Education. Singapore: Springer, 2019:179-188.

[4] Chan S Y. Improvisation in Cantonese Operatic Music[D]. Pittsburgh: University of Pittsburgh, 1986.

[5] Devisakti A., Muftahu M. Digitalization in Higher Education: Does Personal Innovativeness Matter in Digital Learning?[J]. Interactive Technology and Smart Education, 2023, 20(2):257-270.

[6] Gutt E-A. Translation and Relevance: Cognition and Context[M].Oxford: Blackwell Publishing, 1991.

[7] Hair J F, Black W C, Babin B J, et al. Multivariate Data Analysis[M]. Englewood Cliffs, New Jersey: Prentice-Hall Inc., 2010.

[8] Hair J F, Ringle C M, Sarstedt M. PLS-SEM: Indeed a Silver Bullet[J]. Journal of Marketing Theory & Practice, 2011, 19(2):139-152.

[9] Huang Z, Zhang C, Hu J. Destination Brand Personality and Destination Brand Attachment—the Involvement of Self-Congruence[J]. Journal of Travel & Tourism Marketing, 2017(2):1-13.

[10] Hirschman E C. Innovativeness, Novelty Seeking, and Consumer Creativity[J]. The Journal of Consumer Research, 1980(3): 283-295.

[11] Hom M. Songs of Gold Mountain[M]. Berkeley: University of California Press, 1992.

[12] House J. Translation Quality Assessment: A Model Revisited[M]. Tübingen: Gunter Narr, 1997.

[13] Jackson J D, Yi M Y, Park J S. An Empirical Test of Three Mediation Models for the Relationship Between Personal Innovativeness and User Acceptance

［14］ Joseph S M. Self-Concept in Consumer Behavior: A Critical Review[J]. Journal of Consumer Research, 1982(3):287-300.

［15］ Kim S M, Son Y D. A Study on the Intention of Financial Consumers to Accept AI Services Using UTAUT Model[J]. Journal of Korean Society for Quality Management, 2022(1): 43-61.

［16］ Malhotra N K. A Scale to Measure Self-Concepts, Person Concepts, and Product Concepts[J]. Journal of Marketing Research, 1981, 18(4):456-464.

［17］ Mazman Akar S G. Does It Matter Being Innovative: Teachers' Technology Acceptance[J]. Education and Information Technologies, 2019, 24(6): 3415-3432.

［18］ Rao N R. Chinatown Opera Theatre in North America[M]. Urbana: University of Illinois Press, 2017.

［19］ Newmark P. Approaches to Translation[M]. Oxford: Pergamon Press, 1981.

［20］ Ng W C. The Rise of Cantonese Opera[M]. Urbana: University of Illinois Press, 2015.

［21］ Nida E A. Toward a Science of Translating[M]. Leiden:E.J.Brill,1964.

［22］ Sirgy M J. Using Self-congruity and Ideal Congruity to Predict Purchase Motivation[J]. Journal of Business Research, 1985, 13(3):195-206.

［23］ Šorgo A, Virtič M, Dolenc K. Differences in Personal Innovativeness in the Domain of Information Technology Among University Students and Teachers[J]. Journal of Information and Organizational Sciences, 2021:45(2):553-565.

［24］ Venkatesh V, Morris M G, Davis G B, et al. User Acceptance of Information Technology: Toward a Unified View[J]. MIS Quarterly, 2003, 27(3): 425-478.

［25］ Venkatesh V. Adoption and Use of AI Tools: A Research Agenda Grounded in UTAUT[J]. Annals of Operations Research, 2022,308(1): 641-652.

［26］ Williams M D, Rana N P, Dwivedi Y K. The Unified Theory of Acceptance and Use of Technology (UTAUT): A Literature Review[J]. Journal of Enterprise Information Management, 2015,28(3): 443-488.

［27］ Yung B. The Music of Cantonese Opera[D]. Cambrideg: Harvard University, 1976.

［28］ 蔡孝本,李红. 此物最相思——粤剧史料文萃[M].广州:广州出版社,2016.

［29］曹瑞澜.当代黄梅戏海外传播研究[J].江淮论坛,2016(4):147-149.

［30］陈琳,张恒.粤剧《刁蛮公主憨驸马》对《驯悍记》的跨文化改编[J].英语广场,2015(12): 53-55.

［31］陈茂庆.粤剧在夏威夷的传播与接受:1879-1929 [J].中国戏剧学院学报,2017(3): 124-129, 134.

［32］陈卫斌.P2P不当音译引发的辨析与音译禁忌思考[J].上海翻译,2017(4): 56-61.

［33］陈张立.戏中"趣"字最钟情——观粤剧《刁蛮公主憨驸马》[J].南国红豆,2016(4): 62.

［34］陈志民.论潮汕文化海外传播的创新思维[J].汕头大学学报(人文社会科学版),2015(4): 35-41, 95.

［35］董璐.传播学核心理论与概念[M].北京:北京大学出版社,2010.

［36］方梦之.达旨·循规·共喻——应用翻译三原则(序言) [M]//程尽能,吕和法.旅游翻译理论与实务.北京: 清华大学出版社,2008.

［37］方梦之.翻译策略的构成与分类[J].当代外语研究. 2013 (3): 47-51, 78.

［38］方梦之.应用翻译研究:原理、策略与技巧[M].上海:上海外语教育出版社,2013.

［39］方梦之.中国译学大辞典[M].上海:上海外语教育出版社,2011.

［40］冯汉华.凤霞公主:自由精神的化身——《刁蛮公主憨驸马》观后新感[J].五音恋弹,2013(2): 45.

［41］符国伟.彰显地方特色,弘扬粤剧文化,实现资源共享——谈文化信息资源共享工程下建设粤剧数字资源库的构想[J].图书馆界, 2005 (4):35-37.

［42］哈罗德·拉斯韦尔.社会传播的结构与功能[M].北京: 中国传媒大学出版社,2013.

［43］何自然.语用学与英语学习[M].上海:上海外语教育出版社,1997.

［44］胡德华,张彦斐.基于UTAUT的大学生健康类APP使用影响因素研究[J].图书馆,2019(3): 63-68.

［45］胡庚申.生态翻译学——建构与诠释[M].北京:商务印书馆,2013.

［46］胡庚申.生态翻译学的研究焦点与理论视角[J].中国翻译,2011(2): 5-9,95.

［47］胡庚申.若干生态翻译学视角的应用翻译研究[J].上海翻译,2017(5): 1-6,95.

［48］黄静珊.戏曲舞台上的骄公主与傲驸马[J].南国红豆,2011(1): 20-22.

［49］黄伟. 20世纪初期海外粤剧演出习俗探微[J]. 戏剧(中央戏剧学院学报), 2014(1): 103-111.

［50］黄映雪,曾衍文. "一带一路"背景下粤剧的外宣翻译策略探究[J]. 四川戏剧, 2019(4):41-44.

［51］黄友义. 坚持"外宣三贴近"原则,处理好外宣翻译中的难点问题[J]. 中国翻译, 2004(6): 27-28.

［52］J.H.斯图尔德, 王庆仁. 文化生态学的概念和方法[J].民族译丛, 1983(6): 27-33.

［53］赖伯疆. 薛觉先马师曾对粤剧革新的贡献[J]. 人民戏剧, 1980(11): 25-27.

［54］赖伯疆. 薛觉先艺苑春秋[M]. 上海:上海文艺出版社, 1993.

［55］李丹,李绍明. 零翻译历时与共时的社会学考察[J]. 中国科技翻译, 2015(2): 38-41.

［56］李丹. 零翻译可安身于移译——兼与彭利元教授商榷[J]. 解放军外国语大学学报, 2019 (5): 120-127.

［57］李燕霞,曾衍文.跨文化传播视域下岭南粤剧的译介与流变——以粤剧经典《帝女花·香夭》英译为例[J]. 四川戏剧, 2018(10):18-23.

［58］李燕霞,曾衍文.岭南海丝文化的推广与传播——以世界级非遗广东粤剧为例[J].戏剧之家, 2022(20):27-29.

［59］梁永健. 粤剧传统的继承和艺术创造[J]. 戏剧之家, 2017(11): 38.

［60］林克难. 试论翻译理论的成分构成——从"看易写"定性之争谈起[J]. 上海翻译, 2009(4): 22-25.

［61］林克难,籍明文. 应用英语翻译呼唤理论指导[J]. 上海科技翻译, 2003(3): 10-12.

［62］刘炳善. 莎士比亚戏剧与改编[J]. 河南大学学报(哲学社会科学版), 1988(5): 57-62.

［63］刘云霞,张丽花. 中西古典戏剧悍妇型女性形象的比较研究[J]. 名作欣赏, 2013(5): 142-144.

［64］卢彩虹. 传播视角下的外宣翻译研究[M]. 杭州: 浙江工商大学出版社, 2016.

［65］罗丽. 戏曲电影的机遇与挑战[J]. 中国文艺评论, 2021(3): 75-83.

［66］罗敏. 论粤剧电影对粤剧发展的影响[D]. 广州: 广州大学, 2019.

［67］凯瑟琳米勒. 传播学理论: 视角、过程与语境（第二版）[M]. 北京: 北京大学出版社, 2007.

［68］邱懋如. 可译性及零翻译[J]. 中国翻译, 2001 (1): 24-27.

[69] 饶韵华. 跨洋的粤剧——北美城市唐人街的中国戏院[M]. 桂林: 广西师范大学出版社, 2021.

[70] 沈有珠. 晚清民国时期粤剧在旧金山的流传与传播[J]. 中华戏曲, 2016(1): 270-282.

[71] 沈有珠. 近现代粤剧在越南的演出与传播[J]. 戏剧文学, 2016(4): 138-145.

[72] 石芳. 若是真心两相映, 一时屈膝又何妨——评上戏京剧版《驯悍记》[J]. 上海戏剧, 2016(6): 12-13.

[73] 宋志平. 翻译: 选择与顺应——语用顺应论视角下的翻译研究[J]. 中国翻译, 2004(2): 19-23.

[74] 孙惠柱. 中国戏曲的海外传播与接受之反思[J]. 中国文艺评论, 2016(3): 51-59.

[75] 王燕. 跨文化视角下粤剧文化文本的翻译[J]. 武汉商业服务学院学报, 2012(4): 60-63.

[76] 王溢凡. "薛马争雄"与粤剧改革[D]. 北京: 中国艺术研究院, 2019.

[77] 伍小君. 诗歌翻译的接受美学观——兼评王维诗《送元二使安西》的四种英译文[J]. 外语与外语教学, 2007(10): 57-58.

[78] 谢彬筹. 广东戏曲传播海外的途径和特点[J]. 广东艺术, 1996(3): 22-27.

[79] 许鑫, 孙亚薇. 非遗数字传播中的信息技术采纳研究[J]. 图书与情报, 2017(6):133-140.

[80] 薛可, 鲁晓天. 传统戏剧类非遗短视频青少年观看意愿的影响因素——以皮影短视频为例[J].中南民族大学学报(人文社会科学版), 2020,40(6): 67-73.

[81] 薛宁, 李琳. 观众的构成与审美偏好——基于"中国电影观众满意度调查"的分析[J]. 当代电影, 2022(3): 4-16.

[82] 杨浩然, 张映先. 粤剧英译与文化传承——以《牡丹亭·惊梦》译本为例[J]. 海外英语, 2021(4): 172-173,175.

[83] 杨清平. 应用翻译的规律与原则应当如何表述——评林克难教授"看易写"原则[J]. 上海翻译, 2007(3): 9-12.

[84] 杨秋霞. 基于UTAUT模型的老年人健康管理系统接受度的影响因素研究[D]. 兰州: 甘肃中医药大学, 2021.

[85] 杨寿康, 杨莹. 汉译英方法与佳作示范[M]. 长沙: 中南大学出版社, 2016.

[86] 《粤剧大辞典》编纂委员会. 粤剧大辞典[M]. 广州: 广州出版社, 2008.

[87] 余光中. 余光中谈翻译[M]. 北京: 中国对外翻译出版公司, 2007.

［88］曾衍文. 生态翻译"四生"理念下的粤剧译介传播——以粤剧剧目简介英译为例[J]. 肇庆学院学报, 2022(6): 76-81.

［89］曾衍文. 从文化生态视角看粤剧译介在海外的传播[J]. 戏剧之家, 2022(9):19-21.

［90］曾衍文,李燕霞. 文化生态视角下粤剧的海外传播与流变[J]. 四川戏剧, 2020(3): 59-62.

［91］张杰. 迁移理论视域下粤语对英语语音语调学习的影响及对策[J]. 长沙大学学报, 2017(3): 155-158.

［92］张建平,陈洁凤,饶文悦. 生态翻译学"三维"转换视角下的学术外译研究——以《中国特色解决民族问题之路》的英译为例[J]. 江西理工大学学报, 2020,41(6): 111-116.

［93］张丽红,刘祥清. 生态翻译论对外宣翻译的启示[J]. 中国科技翻译, 2014(2): 43-46.

［94］张美芳. 翻译研究的功能途径[M]. 上海: 上海外语教育出版社, 2005.

［95］张申波. 豪门千金难买——观粤剧《豪门千金》有感[J]. 南国红豆, 2011(1): 30-31.

［96］赵云龙. "全媒体时代"受众需求特点及其传播对策探析[J]. 赤峰学院学报, 2011(5): 116-117.

［97］周丹杰. 海外粤剧研究述评[J]. 粤海风, 2022(1): 54-58.

［98］周鸿铎. 应用传播学教程[M]. 北京: 中国书籍出版社, 2010.

［99］周骏. 融戏入影: 悲情传统与视听创新[J]. 当代电影, 2022(3): 159-165.

［100］周领顺. 译者行为研究十周年: 回顾与前瞻——兼评"全国首届'译者行为研究'高层论坛"[J]. 北京第二外国语学院学报, 2019(2): 21-34.

［101］朱恒夫. 论新加坡传承、发展戏曲的经验[J]. 文化遗产, 2014(2): 68-74, 157-158.

［102］朱雁冰. 生态翻译学视域下的粤剧英译——以《帝女花》英译本为例[J]. 皖西学院学报, 2021(6): 116-121.

［103］朱义华. 外宣翻译研究体系建构探索——基于哲学视野的反思[D]. 上海: 上海外国语大学，2013.

［104］艾媒咨询. 2021年中国在线K歌产业发展专题研究报告[EB/OL]. （2021-12-07）[2022-11-01]. https://data.iimedia.cn/data-classification/theme/44288058.html.

［105］杜弘禹. 广州在住外国人达8.34万，人数最多竟是这个国家！[EB/OL]. （2019-07-17）[2023-10-10]. https://finance.sina.com.cn/roll/2019-07-17/

doc-ihytcitm2648068.shtml.

［106］环球网. 从《刑场上的婚礼》的票房情况看戏曲电影新发展[EB/OL].（2020-10-11）[2023-11-22]. https://baijiahao.baidu.com/s?id=1680226056687880996&wfr=spider&for=pc.

［107］文化和旅游部. 文化和旅游部关于推动数字文化产业高质量发展的意见[EB/OL].（2020-11-18）[2023-11-28]. https://zwgk.mct.gov.cn/zfxxgkml/cyfz/202012/t20201206_916978.html.

［108］谢彬筹. 粤剧形成年代的初步看法[EB/OL].（2014-10-05）[2021-06-06]. http://www.crntt.com/crn-webapp/cbspub/secDetail.jsp?bookid=31721&secid=31732.

［109］岳川. 粤剧电影《白蛇传·情》重映 再续"破圈"热潮[EB/OL].（2021-05-31）[2022-06-22]. http://www.chinanews.com.cn/cul/2022/05-29/ 9766613.shtml.

［110］中国互联网络信息中心（CNNIC）. 第53次中国互联网络发展状况统计报告[EB/OL].（2024-03-22）[2024-03-28]. https://www.cnnic.net.cn/n4/2024/0322/c88-10964.html.

后 记

　　历时两年，写写停停、停停写写，拙著终于完成。谨以此书献给我敬爱的母亲简笑开女士——一个在广州土生土长的粤剧爱好者。

　　广州的番禺区，位于广州的南部，西邻佛山市，从古至今，粤剧文化一直是番禺的主流传统戏剧文化。我们一家住在番禺，我的外公是一个粤剧迷，每次有粤剧团到番禺演出，外公一定去捧场。母亲从小总跟着外公去看粤剧，粤剧的种子从而扎根在母亲心中，茁壮成长了70年，听粤曲、看粤剧，早已成为母亲每日的休闲娱乐活动。母亲做得一手好衣服，退休后，在家手工缝制粤剧戏服，跟戏友们一起自唱自演、自娱自乐。因此，我和我的孩子们都在粤剧粤曲的陪伴中成长，受到粤剧文化的熏陶。

　　然而，我跟大部分"80后"一样，并没有成为粤剧迷，因为在我们的成长中有太多其他的文化和娱乐形式吸引着我们。粤剧文化逐渐在年轻群体中变得陌生，以至于"90后""00后""10后"，对粤剧粤曲已经了解不多。我在高校任教英语课程，深切感受到当代年轻人对我国传统戏剧文化的疏离，很多广东的学生对于岭南地区的传统戏剧也知之甚少。对此现象，我，无论作为教师还是广州人，均感到可惜。于是，从2016年起，我怀着一颗为家乡传统戏剧文化传承尽自己绵薄之力的初心，结合自己的专业知识，把粤剧的翻译及海外传播作为自己的科研方向，一边研究、一边摸索、一边学习、一边探讨。习近平总书记于2018年10月视察广东时，对广东的传统文化，特别是粤剧文化的传播与传承做出了重要指示，这使我更加坚定了我的研究方向。研究期间，我带领的粤剧译介科研团队先后获得了广州市哲学社会科学课题、广东省哲学社会科学课题、广东省教育科学哲社专项课题的立项，给我们团队的研究提供了支持和资助。我们不敢懈怠，积极投入研究并发表了相关论文10余篇，3项课题均以"良好"等级通过了结题验收。在此基础上，科研团队2022年获得了教育部人文社会科学基金项目的立项。该立项极大地鼓舞了我们，让我们更感到研究我国传统戏剧文化译介传播责任重大。责任虽重，但初心不改，我们一路欣然前行。

　　回顾过去8年的研究历程，由于研究领域涉及广，如戏剧、传播、翻译、文化等，遇到了不少研究难题，我得到了许多戏剧界专家、高校教授以及同行学者们的指导和帮助。感谢工作单位广州番禺职业技术学院在20年里对我的栽培以及对我科研工作的支持；感谢领导和同事们给予我指导和帮助，主动分担我的工作；感谢岭南戏剧文化译介科研团队的各位成员，与我一起碰撞出科研的火花，相互扶持，秉持初心，在岭南戏剧文化译介研究之路与我并肩前行；感谢我的家人，包容我的忙碌，为我扛起了所有，让我无后顾之忧，得以倾注更多的时间和精力于科研和写作中。除了感恩，还是感恩，在此致以衷心的感谢！

最后，祝愿粤剧文化这颗"南国红豆"能得到有效的保护、传播和传承，弥久常青，花香满全球！

曾衍文